河北省社科基金项目（HB16YY036）成果
唐山师范学院著作出版基金项目（2018CB01）

京津冀清代方言词与《红楼梦》的关系

高光新 ◎ 著

中国社会科学出版社

图书在版编目(CIP)数据

京津冀清代方言词与《红楼梦》的关系 / 高光新著 . —北京：中国社会科学出版社，2019.5

ISBN 978-7-5203-4427-2

Ⅰ.①京… Ⅱ.①高… Ⅲ.①北方方言-方言研究-华北地区②《红楼梦》研究 Ⅳ.①H172.1②I207.411

中国版本图书馆 CIP 数据核字(2019)第 090189 号

出 版 人	赵剑英
责任编辑	任　明
责任校对	郝阳洋
责任印制	郝美娜

出　　版	中国社会科学出版社
社　　址	北京鼓楼西大街甲 158 号
邮　　编	100720
网　　址	http：//www.csspw.cn
发 行 部	010-84083685
门 市 部	010-84029450
经　　销	新华书店及其他书店
印刷装订	北京君升印刷有限公司
版　　次	2019 年 5 月第 1 版
印　　次	2019 年 5 月第 1 次印刷
开　　本	710×1000　1/16
印　　张	12.75
插　　页	2
字　　数	211 千字
定　　价	85.00 元

凡购买中国社会科学出版社图书，如有质量问题请与本社营销中心联系调换
电话：010-84083683
版权所有　侵权必究

目 录

第一章 绪论 …………………………………………………………（1）
  第一节 研究现状 ………………………………………………（1）
    一 京津冀清代方言词研究现状 ……………………………（1）
    二 《红楼梦》方言词研究现状 ……………………………（2）
    三 研究展望 …………………………………………………（4）
  第二节 《红楼梦》基础方言词的判定与研究 ……………（4）
    一 判定标准 …………………………………………………（4）
    二 研究方法 …………………………………………………（7）
    三 研究资料 …………………………………………………（8）

第二章 《红楼梦》与京津冀清代地方志方言词的关系 ………（10）
  第一节 《红楼梦》与京津冀清代地方志共有的方言词 ………（10）
    一 完全相同 …………………………………………………（12）
    二 词形不同 …………………………………………………（18）
    三 共有方言词的分析 ………………………………………（21）
  第二节 《红楼梦》与苏南清代地方志共有的方言词 ………（23）
    一 完全相同 …………………………………………………（24）
    二 词形不同 …………………………………………………（32）
    三 共有方言词的分析 ………………………………………（33）
  第三节 对比的结论 ……………………………………………（35）

第三章 《红楼梦》与京津冀清代方言著作方言词的关系 ………（36）
  第一节 《红楼梦》与《燕说》共有的方言词 ………………（36）
    一 完全相同 …………………………………………………（37）

二　词形不同 …………………………………………………（49）
　　三　共有方言词的分析 ……………………………………（51）
　第二节　《红楼梦》与《吴下方言考》共有的方言词 …………（54）
　　一　完全相同 ………………………………………………（54）
　　二　词形不同 ………………………………………………（56）
　　三　共有方言词的分析 ……………………………………（57）
　第三节　对比的结论 …………………………………………（58）

第四章　《红楼梦》与京津冀清代小说方言词的关系 …………（59）
　第一节　《红楼梦》与《儿女英雄传》共有的方言词 …………（59）
　　一　完全相同 ………………………………………………（60）
　　二　词形不同 ………………………………………………（74）
　　三　共有方言词的分析 ……………………………………（76）
　第二节　《红楼梦》与《海上花列传》共有的方言词 …………（79）
　　一　完全相同 ………………………………………………（80）
　　二　词形不同 ………………………………………………（85）
　　三　共有方言词的分析 ……………………………………（85）
　第三节　旁证：《红楼梦》与《醒世姻缘传》共有的方言词 …（86）
　　一　完全相同 ………………………………………………（87）
　　二　词形不同 ………………………………………………（96）
　　三　共有方言词的分析 ……………………………………（97）
　第四节　对比的结论 …………………………………………（97）

第五章　《红楼梦》与京津冀清代讲唱文学方言词的关系 ……（99）
　第一节　《红楼梦》与车王府子弟书共有的方言词 …………（100）
　　一　完全相同 ………………………………………………（101）
　　二　词形不同 ………………………………………………（135）
　　三　共有方言词的分析 ……………………………………（141）
　第二节　《红楼梦》与《珍珠塔》共有的方言词 ………………（148）
　　一　完全相同 ………………………………………………（148）

二　词形不同 …………………………………………… (150)
　　三　共有方言词的分析 ………………………………… (150)
　第三节　对比的结论 …………………………………………… (151)

第六章　结语 ………………………………………………………… (153)
　一　《红楼梦》与清代南北方共同的方言词 …………………… (153)
　二　旁证：《红楼梦》词汇异文体现的方言替换 ……………… (157)
　三　结论 ………………………………………………………… (166)

附录　方言词索引 ………………………………………………… (167)

参考文献 …………………………………………………………… (193)

后　记 ……………………………………………………………… (197)

第一章

绪　　论

《红楼梦》的基础方言问题，已经有众多学者探讨过，但是很多成果是用现代汉语的方言词进行验证。我们觉得用清代的方言词进行验证，结论会更可靠一些，主要原因是方言词的时间越接近，变化程度越小，相同的可能性越大。我们以地域方言词为验证标准，而不是某一具体地点的方言词，这样做一方面能保证有足够的清代方言词可用，减少比较的误差，另一方面能避免陷入基础方言点之间的争论。曹雪芹在南京出生后，长期生活在北京，因此，以清代的京津冀和苏南的方言词为主要验证标准，山东的方言词为参考。

第一节　研究现状

一　京津冀清代方言词研究现状

在京津冀清代方言词研究方面，高光新《清代京津冀方言词概况——以史梦兰〈燕说〉为参考》①、张馨月《清代直隶方志中的方言词研究》②、高光新《京津冀方言汇一体化的过程》③清代部分，探讨了京津冀清代方言词的关系。

研究北京清代方言词的文章有一类特殊的，即研究外国人编写的汉语教科书用词，例如张美兰《〈语言自迩集〉中的清末北京话口语词及

---

① 高光新：《清代京津冀方言词概况——以史梦兰〈燕说〉为参考》，《唐山师范学院学报》2015年第1期。
② 张馨月：《清代直隶方志中的方言词研究》，硕士学位论文，西南交通大学，2015年。
③ 高光新：《京津冀方言汇一体化的过程》，吉林大学出版社2016年版。

其价值》① 分析欧洲人编写的汉语教科书里的清末北京方言词，陈明娥、李无未《清末民初北京话口语词汇及其汉语史价值》②、陈明娥《从词汇角度看清末域外北京官话教材的语言特点》③ 分析日本人编写的，任玉函《朝鲜后期汉语教科书语言研究》④ 分析朝鲜人编写的。研究河北清代方言词的文章只有高光新《〈燕说〉与清末唐山方言词汇》⑤，研究天津的暂时没见到。因此，京津冀清代方言词值得进一步研究。

二 《红楼梦》方言词研究现状

在《红楼梦》方言研究方面，刘晓安、刘雪梅《〈红楼梦〉研究资料分类索引》⑥ 收录 2012 年（含）以前研究《红楼梦》方言的论文 38 篇，涉及的方言区及篇数如下：官话方言 5 篇，满族旗语 3 篇，北京方言 8 篇，江淮方言 13 篇，山东方言 3 篇，唐山方言 2 篇，东北、福建、湖南、安徽各 1 篇。

检索中国知网（CNKI），刘晓安、刘雪梅《〈红楼梦〉研究资料分类索引》失录的此类文章至少还有 6 篇，涉及的方言区和篇数如下：山东 2 篇，唐山 2 篇，云南、湖南各 1 篇。

检索中国知网（CNKI），2012 年至 2017 年上半年又发表《红楼梦》方言研究论文 13 篇，涉及的地域包括江淮、山东、陇东、唐山、山西、贵州、河南。

林纲、刘晨《〈红楼梦〉方言研究二十年述评》⑦ 分析了 1990 年以

---

① 张美兰：《〈语言自迩集〉中的清末北京话口语词及其价值》，《北京社会科学》2007 年第 3 期。
② 陈明娥、李无未：《清末民初北京话口语词汇及其汉语史价值》，《厦门大学学报》2012 年第 2 期。
③ 陈明娥：《从词汇角度看清末域外北京官话教材的语言特点》，《国际汉语学报》2015 年第 6 卷第 1 辑。
④ 任玉函：《朝鲜后期汉语教科书语言研究》，博士学位论文，浙江大学，2013 年。
⑤ 高光新：《〈燕说〉与清末唐山方言词汇》，《唐山师范学院学报》2013 年第 3 期。
⑥ 刘晓安、刘雪梅：《〈红楼梦〉研究资料分类索引》，国家图书馆出版社 2012 年版。
⑦ 林纲、刘晨：《〈红楼梦〉方言研究二十年述评》，《湖南社会科学》2011 年第 4 期。

来对于《红楼梦》方言研究比较有影响的"东北方言说""山东方言说""江淮方言说"等,并分析了这些学说产生的原因,作者倾向于赞同《红楼梦》主要包含北京方言、江淮方言、山东方言。

以上的研究结论差异很大,北京、江淮与曹雪芹关系密切,相应的方言词会出现在《红楼梦》里。《红楼梦》第一回"东鲁孔梅溪则题曰《风月宝鉴》。"《红楼梦》的成书参考过山东人孔梅溪的意见,书里或许有山东方言词,吴佩林《〈红楼梦〉中的明清山东方言举证》[①],用蒲松龄《聊斋俚曲集》作为参照,这样的研究可信度也比较高。还有些区域例如陇东、贵州似乎与曹雪芹关系不大,《红楼梦》里是否真的有那里的方言词?出现这种情况的原因是,有些研究用现代汉语方言词验证《红楼梦》的方言词,这种做法是不恰当的。还有些研究用后世的工具书进行验证,例如陈刚《北京方言词典》[②]、许宝华等《汉语方言大词典》[③],使用这类工具书的时候需要辨别,前者收词的时间上限是1901年,时间跨度很大,后者收录的方言词包括古代出现而现代仍在使用的和新出现的,时间跨度更大,二者收录方言词不一定是清代的。

关于《红楼梦》的基础方言,影响比较大的是胡文彬《〈红楼梦〉的方言构成及其演变》[④],作者认为《红楼梦》的主体语言是北京话,并吸收了广大北方地区的方言。同时还采用了相当数量的江南方言。《红楼梦》作者在"批阅十载,增删五次"的过程中已经对方言进行了渐进式的修改。沈新林《〈红楼梦〉中的吴语方言》认为:"《红楼梦》语言当以北京话为主,且拥有一定数量的江淮苏北方言、南京话,同时,又杂有少量的吴语方言。"[⑤] 也赞同《红楼梦》的基础方言是北京话,所不同的是,江南方言、江淮方言、南京话、吴语这几个概念有交叉,到底哪个更确切,需要探讨。

[①] 吴佩林:《〈红楼梦〉中的明清山东方言举证》,《蒲松龄研究》2013年第4期。
[②] 陈刚:《北京方言词典》,商务印书馆1985年版。
[③] 许宝华等主编:《汉语方言大词典》,中华书局1999年版。
[④] 胡文彬:《〈红楼梦〉的方言构成及其演变》,《辽东学院学报》2009年第2期。
[⑤] 沈新林:《〈红楼梦〉中的吴语方言》,《古典文学知识》2017年第2期。

三 研究展望

第一，京津冀清代方言词研究得不够，还有很大拓展空间；第二，《红楼梦》的基础方言词研究一直在继续，但是研究方法存在缺陷，即有些研究是用现代汉语方言来验证《红楼梦》方言词，这种做法需要纠正，研究方法需要探讨，研究资料需要发掘；第三，京津冀清代方言词与《红楼梦》的关系值得进一步探讨。

第二节 《红楼梦》基础方言词的判定与研究

一 判定标准

（一）外部材料依据

关于古代汉语方言词的判定标准，讨论得不多，取得的共识也不多。古代文学作品中的方言词也不容易判定，《古代小说与方言》[①]是目前唯一的此类著作，没有论说古代方言词的判定标准。一般的著作只探讨已认定了的方言词，不讨论如何判定。判定古代汉语方言词比较困难，主要原因是古代文献资料匮乏，诚如汪维辉《东汉—隋常用词演变研究》所言："一个词在某一时期究竟流行的地域有多广，它的消长情况是怎样的，这些都是不好回答的问题。"[②]

具体到清代文学作品方言的判定，晁瑞《〈醒世姻缘传〉方言词研究》提出了五条认定标准：（1）词的频率标准；（2）同一时代，不同词义的出现频率；（3）文体及叙述角度标准；（4）训诂学家笔下的方言记录；（5）各类辞书及方言志的记录。在最后一条着重指出了许宝华等主编的《汉语方言大词典》是"判断方言词的重要依据"。[③] 王美雨《车王府藏子弟书方言词及满语词研究》提出的判定方法是"在与子弟书创作同时代的文学作品比对并查阅现行辞书及相关著作的基础

[①] 颜景常：《古代小说与方言》，辽宁教育出版社1992年版。
[②] 汪维辉：《东汉—隋常用词演变研究》，南京大学出版社2000年版，第409页。
[③] 晁瑞：《〈醒世姻缘传〉方言词研究》，博士学位论文，南京师范大学，2006年。

上，最终确定车王府藏子弟书中的哪些词语是方言词语或者满语词"①。以上两部著作提到的辞书，都是现代人编写的，前面我们提到过，使用这类工具书的时候需要辨别。

我们曾论述过《国语》方言词的判定标准。"探讨《国语》的方言词，应该从《国语》所处的时代环境出发，从其本身入手，按国别着手进行。另外，探究《国语》的方言词还应该加上一条验证标准，即把《国语》方言词放到《左传》等文献里进行验证，因为《国语》《左传》的记事年限和成书时间非常接近，《左传》可以成为验证《国语》方言词的一个有力标杆，其他文献，例如《楚辞》可以验证楚语方言词，《公羊传》可以验证齐语方言词，等等。"② 判断古代的方言词，必须用古代文献同时代的资料进行验证。

关于古代作品的基础方言问题，我们曾分析过《颜氏家训》的基础方言问题，"它（《颜氏家训》）的基础方言是江南方言"③，采用的方法是共时对比，用于对比的资料包括严可均《全上古三代秦汉三国六朝文》与逯钦立《先秦汉魏晋南北朝诗》的南北朝部分，佛经，以及其他部分，包括魏收《魏书》、殷芸《小说》，对以上内容还要加以筛选。④

古代记录方言词的资料主要有方言著作、史书、文学作品、地方志、笔记杂谈、经典作品的注释。具体到每个时代又有不同，例如清代多出了外国人编写的汉语教材。以上资料中的方言词有些是明确的，例如何耿镛《汉语方言研究小史》⑤ 探讨清代以前的汉语方言研究，所采用的资料主要是方言著作、笔记杂谈、经典作品的注释。

与《红楼梦》时代相近的、含有较多方言词的资料主要有地方志、方言著作、小说和讲唱文学，我们用这四类资料所记录的方言词来验证

---

① 王美雨：《车王府藏子弟书方言词及满语词研究》，博士学位论文，山东大学，2012年。
② 高光新：《论〈国语〉方言词》，《唐山师范学院学报》2016年第3期。
③ 高光新：《〈颜氏家训〉词汇研究》，中国社会科学出版社2014年版，第195页。
④ 同上书，第15—17页。
⑤ 何耿镛：《汉语方言研究小史》，山西人民出版社1984年版。

《红楼梦》的基础方言词。

（二）内部词汇依据

在判断两个词是否是同一个方言词的时候，以义位为标准，义位相同的是同一个方言词，义位不同，即使存在引申关系，也不判定为是同一个方言词。例如活计，《红楼梦》第五十六回："一应粗糙活计，都是他们的差使。"这里的活计泛指各种体力劳动。光绪八年《宝山县志》："活计：俗谓治生理。"这里的活计指谋生的工作或职业。两个活计的义位不同，不是同一个方言词。再比如摸索，《红楼梦》第八十回："谁知你三不知的把陪房丫头也摸索上了。"这里的摸索指暗中勾引。《燕说》卷一："以手扪物曰摸索。"这里的摸索指以手抵触。两个摸索的义位不同，不是同一个方言词。再比如行市，《红楼梦》第六十一回："只知鸡蛋是平常物件，那里知道外头买卖的行市呢。"这里的行市指行情。《儿女英雄传》第十九回："从这句话起，有个翻脸不回京的行市！"这里的行市比喻事物发展的形势。两个行市不是同一个方言词。以上三个词的义位存在引申关系，但是由于不是同一个义位，我们不判定为是同一个方言词。

在判断两个词是否是同一个方言词的时候，还需要排除以下三类。

一是两个词形必须都是词，词的语素构成、语素义、结构关系都相同，这三个标准有一项不同，则判定为不是同一个方言词，例如老大，《红楼梦》第四回："未免溺爱纵容，遂至老大无成。"这里老大指年纪大。车王府子弟书《桃花岸》："像个烧头狮子唬人一跳，怨得我哥哥老大的拳头在你脸上搒。"这里老大指非常大。两个老大的构成语素相同，但是语素义不同，语素"大"在前一个指年龄大，后一个指体积大，所以两个不是同一个方言词。

二是判断的对象必须是词，不能把词和熟语中的构成成分对等判断。例如丧气，车王府子弟书《女侍卫叹》："老鸦激儿直着声儿门口子喊，好他妈的丧气什么老爷往南又往西。"这里丧气指意气颓丧，因事情不顺利而情绪低落。在《红楼梦》里丧气不单独使用，有一个成语垂头丧气，第三十三回："好端端的，你垂头丧气嗐些什么？"不能把丧气从成语垂头丧气里单独拿出来，所以，丧气不是《红楼梦》和车王府子弟书共有的方言词。

三是注意排除近代汉语白话词。这一点比较难，受资料限制，不太容易判断有些词是近代汉语白话词还是方言词。有具体方言资料记载的，基本上可以确定为是方言词，例如光绪八年《宝山县志》："小家子：俗呼庸贱之人。"小家子是方言词，也是近代汉语白话词。《红楼梦》第六回："先找着凤姐的一个心腹通房大丫头名唤平儿的。"车王府子弟书《遣春梅》："到而今虽是出挑的模样儿好，谁不知通房使用这几春。"通房是个近代汉语白话词，指旧时被主子收纳为妾的贴身侍婢，从元代开始使用，元·杨显之《潇湘雨》第四折："老实说，梅香便做梅香，也须是个通房，要独占老公，这个不许你的。"《警世通言·金令史美婢酬秀童》："遇个贵人公子，或小妻，或通房，嫁他出去。"不能看作是方言词。

在判断两个词是否是同一个方言词的时候，需要吸收以下两类：

一是有词尾造成词形不同，例如儿、子等词尾，不影响词义，这一类是同一个方言词。例如《红楼梦》第七十七回："倘或那丫头瞅空寻了死，反不好了。"光绪十年《玉田县志》："瞅空儿：伺隙也。"瞅空和瞅空儿存在着有无词尾的差别，词义相同，都指伺机、乘隙，是同一个方言词。再比如《红楼梦》第四十六回："也有大伯子要收屋里的人，小婶子如何知道？"光绪十年《玉田县志》："小婶儿：妇人谓夫弟妇。"小婶子和小婶儿都指丈夫的弟弟的妻子，词根相同，词尾不同，词义相同，是同一个方言词。

二是方言词本字不同造成词形不同。例如《红楼梦》第三十六回："这也抱怨不着我，我倒乐得给他们呢。"光绪二十二年《滦州志》："恨人曰䨱怨。"抱怨和䨱怨使用的方言本字不同，语音相同，词义相同，都指埋怨，是同一个方言词。

二　研究方法

统计法，统计《红楼梦》与京津冀清代、苏南（清代江苏长江以南的部分）两地方言词相同的数量。选择这两地的原因是曹雪芹在苏南出生，后来到北京居住，这两地的方言对曹雪芹影响最大。

分析法，分析《红楼梦》与清代各地的方言词是不是同一个词，包括词义、词形的异同。

对比法，把通过前两种方法得到的结果进行对比，最后得出结论。

三 研究资料

1. 《红楼梦》。《红楼梦》的版本很多，我们以庚辰本为底本，使用中国艺术研究院红楼梦研究所校注本①，并对照影印本《脂砚斋重评石头记（庚辰本）》②，词汇释义参考《红楼梦语言词典》③。《红楼梦》其他版本使用影印本，有人民文学出版社影印的戚序本、《红楼梦古抄本丛刊》中的庚辰本、己卯本、甲戌本、南图本（戚宁本）、俄藏本（列藏本）、梦稿本（杨藏本）、蒙府本，沈阳出版社影印的甲辰本、郑藏本、舒序本、程甲本，北京图书馆出版社影印的卞藏本，中国书店出版社影印的程乙本。再以上述版本之间的异文变化作为佐证，查找异文以冯其庸主编《脂砚斋重评石头记汇校汇评》④为参照，并核对影印本原文。

2. 清代地方志。以波多野太郎《中国方志所录方言汇编》⑤所汇集的地方志所记方言词为代表，分为京津冀部分和苏南部分。

3. 清代方言著作。以阳海清等《文字音韵训诂知见书目》⑥为参照选择方言著作。记录京津冀清代方言词的方言著作以史梦兰《燕说》为代表，记录苏南清代方言词的方言著作以胡文英《吴下方言考》为代表。

4. 清代小说。反映京津冀清代方言的小说以《儿女英雄传》为代表，反映苏南清代方言的小说以《海上花列传》为代表。由于《海上花列传》与《红楼梦》的时间差太大，再以《醒世姻缘传》的方言词

---

① 曹雪芹：《红楼梦》，人民文学出版社2008年版。
② 曹雪芹：《脂砚斋重评石头记（庚辰本）》，人民文学出版社2011年版。
③ 周定一主编：《红楼梦语言词典》，商务印书馆1995年版。
④ 冯其庸主编：《脂砚斋重评石头记汇校汇评》，北京图书馆出版社2008年版。
⑤ 波多野太郎：《中国方志所录方言汇编》，横滨市立大学纪要，1963—1972年。
⑥ 阳海清等：《文字音韵训诂知见书目》，湖北人民出版社2002年版。

作为佐证。

5. 清代讲唱文学。京津冀清代讲唱文学以车王府子弟书为代表，苏南清代讲唱文学以由苏南评弹《珍珠塔》为代表。由于车王府子弟书有多篇是演绎《红楼梦》的，方言词受到《红楼梦》原著干扰，所以这一类对比只作参考。

第二章

《红楼梦》与京津冀清代地方志方言词的关系

我国古代的方言研究到清代达到了高峰，各地地方志也重视记录方言，波多野太郎《中国方志所录方言汇编》[①] 汇集1949年以前地方志所记录的方言词，共有九编，其中第三、四、五编涉及京津冀清代，第二、六编涉及苏南清代，我们以此书所收方言词为例，探讨《红楼梦》与京津冀清代、苏南清代地方志方言词的关系。

在使用地方志方言词的时候，需要注意其弊端，主要是"后志因袭前志，甲地志抄袭乙地志，并且以讹承讹"[②]。后出的地方志有时照抄早出的，连讹误也沿袭。《中国方志所录方言汇编》所收录的地方志方言词也存在这个问题，后面会加以说明。

第一节 《红楼梦》与京津冀清代地方志共有的方言词

记录京津冀清代方言词的地方志，波多野太郎《中国方志所录方言汇编》（第三、四、五编）有：康熙十五年《广平县志》、康熙二十四年《灵寿县志》、乾隆二十三年《元氏县志》、乾隆四十四年《宁河县志》、乾隆五十五年《大名县志》、道光十二年《内丘县志》、道光二十九年《直隶定州志》、咸丰三年《平山县志》、同治七年《盐山县志》、同治十三年《元氏县志》、光绪元年《赞皇县志》、光绪七年《获鹿县志》、光绪十年《玉田县志》、光绪十年《畿辅通志》、光绪十一年

[①] 波多野太郎：《中国方志所录方言汇编》，横滨市立大学纪要，1963—1972年。
[②] 游汝杰：《汉语方言学》，上海教育出版社1992年版，第89页。

《重修新乐县志》、光绪十二年《顺天府志》、光绪十七年《丰润县志》、光绪二十二年《滦州志》，共18种。以上所录并不全面，《畿辅方言》附各州县志方言，其中《肥乡县志》《宣化县志》就不在上列之内。总之，各地方志在时间上，从康熙十五年到光绪二十二年（1676—1896），时间跨度很大，超过200年，在地域上，从滦州到大名，地域跨度很大，覆盖京津冀全境。

清代地方志记录的方言，有的记方音，有的记方言词，收录方言词的有：康熙十五年《广平县志》、乾隆四十四年《宁河县志》、乾隆五十五年《大名县志》、道光十二年《内丘县志》、光绪十年《玉田县志》、光绪十二年《顺天府志》、光绪二十二年《滦州志》，仅有7种。以上地方志收录方言词的情况并不一致，《玉田县志》收词374条，全部是当地清代的方言词，《顺天府志》收词248条，包括历代的方言词，例如出自《尔雅》《方言》《说文》《玉篇》《集韵》等著作的，也包括清代的，数量少的如康熙十五年《广平县志》仅收4条："呼父为波波，呼母为姐，呼伯为大爷，呼昨为夜。颠倒反复，此染于俗者也。"

总体来看，记录京津冀清代方言词的地方志，所覆盖的方言区，包括今北京官话（《畿辅方言》《顺天府志》）、冀鲁官话（《滦州志》《玉田县志》《宁河县志》《内丘县志》《广平县志》）、中原官话（《大名县志》），《畿辅方言》与《顺天府志》有一部分晋语区的方言词。所属行政区域，包括北京（《畿辅方言》《顺天府志》）、天津（《宁河县志》）、河北（冀东：《滦州志》《玉田县志》。冀南：《内丘县志》《广平县志》《大名县志》），基本上能够反映京津冀清代方言词的概况。

在确定《红楼梦》与京津冀地方志的方言词是否是同一个词的时候，还要排除以下两种类型：第一种类型是同一个词在京津冀地方志与《红楼梦》使用不同义位，例如"旷荡"，光绪十年《玉田县志》："空廓曰旷荡。"《红楼梦》第七十五回："原来贾珍近因居丧，每不得游顽旷荡。"两个词义不同，不能认为是同一个方言词。第二种类型是《红楼梦》和京津冀地方志用了同一概念的不同名称，例如"可不是/可不"，《红楼梦》第七回："周瑞家的因问他道：'那香菱小丫头子，可就是常说临上京时买的、为他打人命官司的那个小丫头子?'金钏道:'可不是他。'"乾隆五十五年《大名县志》:"是人言曰可不。"

由于有的地方志出现时间早于《红楼梦》,所以列先地方志,再列举《红楼梦》的例句。有的方言词在多部地方志里重现,只列一部作为代表,《红楼梦》的例句能显示词的完整意义即可,没有全部引用完整的句子(其他小说、讲唱文学的引文同此),例句标上出现的回数。词语释义从《红楼梦》原文语境出发,结合在对比文献中的词义,同时参考《汉语大词典》①《红楼梦语言词典》②,本章及后面三章的词语释义方法同此。方言词按音序排列。

一 完全相同

1. 本事:本领、能耐。

光绪十年《玉田县志》:能奈:智力也。又曰本事。

第七十八回:况且有本事的人,未免就有些调歪。

2. 笨:不聪明。

光绪二十二年《滦州志》:谓愚鲁曰笨。

第六十二回:惟有我是第一个要去,又懒又笨,性子又不好,又没用。

3. 不害臊:不难为情,不感到不好意思。

光绪十年《玉田县志》:不害臊:无耻也。

第三十二回:那会子不害臊,这会子怎么又臊了?

4. 不相干:不相干扰。

乾隆五十五年《大名县志》:无碍曰不相干。

第七十二回:横竖不和他谋事,也不相干。

5. 才刚:刚才,不久以前。

光绪十年《玉田县志》:那回儿:犹云适才也。犹云刚才。又云才刚。

---

① 罗竹风主编:《汉语大词典》,汉语大词典出版社 2002 年版。
② 周定一主编:《红楼梦语言词典》,商务印书馆 1995 年版。

第二章 《红楼梦》与京津冀清代地方志方言词的关系

第十六回：茗烟道："我也不知道，才刚是他家的老头子来特告诉我的。"

6. 搀：扶。

乾隆四十四年《宁河县志》：搀：相扶也。

第二十九回：凤姐儿知道鸳鸯等在后面，赶不上来搀贾母，自己下了轿，忙要上来搀。

7. 吵：争吵。

乾隆五十五年《大名县志》：角口曰吵。

第二十回：你别和你妈妈吵才是，他老糊涂了，倒要让他一步为是。

8. 串门子：到别人家里去聊天。

光绪十年《玉田县志》：串门子：出入人家也。

第七十七回：时多浑虫外头去了，那灯姑娘吃了饭去串门子。

9. 跐：踩，踏。

乾隆五十五年《大名县志》：足践曰跐。

第三十六回：凤姐把袖子挽了挽，跐着那角门的门槛子。

10. 搭包：长而宽的腰带，里面可以装钱物。

光绪十年《玉田县志》：搭包：腰带也。

第二十四回：一面说，一面果然从搭包里掏出一包银子来。

11. 打抽丰：谓假借各种名义向人索取财物。

光绪十年《玉田县志》：打秋风：所谓颭也。又曰打尊儿，惟博场云然。盖总如南方所谓打抽丰、打把拾也。

第三十九回：忽见上回来打抽丰的刘姥姥和板儿来了。

12. 打嘴：比喻出丑、丢脸。

光绪十年《玉田县志》：打嘴：遗羞也。

第七十三回：林之孝家的见他的亲戚又给他打嘴，自己也觉没趣。

13. 大伯子：称丈夫的哥哥。

光绪十年《玉田县志》：大伯子：妇人谓夫兄也。

第四十六回：也有大伯子要收屋里的人，小婶子如何知道？

14. 大模大样：傲慢的样子。

光绪十年《玉田县志》：大模大样：骄态也。

第二十回：你大模大样的躺在炕上，见我来也不理一理。

15. 大娘：伯母。

光绪十年《玉田县志》：大爷大娘：伯父母也。

第二十四回：宝玉道："大娘方才说有话说，不知是什么话？"邢夫人笑道……

16. 得罪：冒犯，触怒。

光绪二十二年《滦州志》：恶语侵人曰得罪。

第三十二回：怎么又哭了？又是谁得罪了你了？

17. 吊猴：难以掌握控制。

光绪十年《玉田县志》：吊猴：难驾驭也。

第四十六回：买了来家，三日两日，又人鬼吊猴的。

18. 丢丑：丢脸，出丑。

光绪十年《玉田县志》：丢丑：遗羞也。又曰丢人。

第七十八回：不但不丢丑，倒拐了许多东西来。

19. 翻脸：对人态度突然变坏。

光绪十年《玉田县志》：翻脸：忽怒也。

第五十九回：他一翻脸，嫂子你吃不了兜着走！

20. 犯不上：不值得。

光绪十年《玉田县志》：犯不上：犹云不相干。亦云合不着。

第二十二回：这会子犯不上呲着人借光儿问我。

21. 犯不着：不值得。

乾隆五十五年《大名县志》：两不相涉曰犯不着。

第四十六回：他骂的人自有他骂的，我们犯不着多心。

22. 该着：该当，理应。

光绪十年《玉田县志》：该着：犹云时也、命也。

第六十三回：命中该着招贵婿的，你是杏花，快喝了，我们好喝。

23. 哥儿：对男孩子的称呼。

乾隆四十四年《宁河县志》：呼小儿亦曰哥儿。

第六回：闹吵吵三二十个小孩子在那里厮闹。刘姥姥便拉住一个道："我问哥儿一声，有个周大娘可在家么？"

24. 各人：自己。

光绪十年《玉田县志》：各人：自己也。又云自各儿。

第十一回：门外一齐答应了一声，都各人端各人的去了。

25. 今儿：今天。

道光十二年《内丘县志》：今日曰今儿。

第八回：今儿他来了，明儿我再来，如此间错开了来着，岂不天天有人来了？

26. 坎肩儿：不带袖子的上衣。

光绪十年《玉田县志》：坎肩儿：衣无袖者。南方曰背心。

第四十回：剩的配上里子，做些个夹坎肩儿给丫头们穿。

27. 累赘：多余，麻烦。

光绪二十二年《滦州志》：磊埻曰累赘。

第三十七回："居士""主人"到底不雅，又累赘。

28. 蚂蚱：蝗虫的俗称。

光绪十二年《顺天府志·方言（下）》：蟲螽：涿州固安人俗呼蚂蚱。

第四十回：这是蝈蝈，这是蚂蚱。

29. 猛不防：突然而来，不及防备。

乾隆五十五年《大名县志》：突如其来曰猛不防。

第七十四回：我们竟给他们个猛不防，带着人到各处丫头们房里搜寻。

30. 明儿：明天。

道光十二年《内丘县志》：明日曰明儿。

第八回：今儿他来了，明儿我再来，如此间错开了来着，岂不天天有人来了？

31. 抹：割，砍。

光绪十年《玉田县志》：抹：以金刀自残也。

第四十六回：就是老太太逼着我，我一刀子抹死了，也不能从命！

32. 拿主意：决定处理问题的方法或对策。

光绪十年《玉田县志》：拿准儿：定计也。犹云拿主意。

第四十六回：平常我们背着人说起话来，听他拿主意，未必是肯的。

33. 那里：指代较远的处所。

乾隆五十五年《大名县志》：彼处曰那里。

第十回：我方才到了太爷那里去请安。

34. 能奈：本领。

光绪十年《玉田县志》：能奈：智力也。又曰本事。

第七十二回：不是我说没了能奈的话，要象这样，我竟不能了。

35. 你老：对尊长的敬称，也可以称为你老人家。

乾隆四十四年《宁河县志》：你老：尊辈称也。

第六回：你老是贵人多忘事，那里还记得我们呢。

36. 撵：驱逐，赶走。

光绪十年《玉田县志》：驱逐曰撚。撚或作撵。

第四十五回：奶奶只顾撵了他，太太脸上不好看。

37. 瞥：目光掠过。

乾隆四十四年《宁河县志》：瞥：乍见也。

第二十五回：忽一眼瞥见了林黛玉风流婉转，已酥倒在那里。

38. 齐整：姿容端庄。

乾隆五十五年《大名县志》：美曰齐整。

第四回：其模样虽然出脱得齐整好些，然大概相貌，自是不改。

39. 俏皮：形容人的容貌举止漂亮美好。

光绪十年《玉田县志》：俏皮：华饰不正也。

第六十四回：要寻两个又有根基又富贵又年青又俏皮的两位姨爹，好聘嫁这二位姨娘的。

40. 傻：不聪明。

光绪二十二年《滦州志》：谓不慧曰傻。

第四十六回：若果然不愿意，可真是个傻丫头了。

41. 婶子：叔母，叔叔的妻子。

光绪十年《玉田县志》：收收婶子：叔父母也。

第二十四回：叔叔也不必先在婶子跟前提我今儿来打听的话。

42. 数落：列举过失加以指责。泛指责备。

光绪十年《玉田县志》：数落：斥责也。

第三十三回：进来被王夫人数落教训，也无可回说。

43. 套间：住宅中与正房通连的配间，一般比较窄小，没有直通外面的门。

光绪十年《玉田县志》：套间：内复室也。

第三回：今将宝玉挪出来，同我在套间暖阁儿里。

44. 玩：玩耍。

光绪二十二年《滦州志》：谓游嬉曰玩。

第十一回：见宝玉和一群丫头在那里玩呢。

45. 小人：旧时男子自称的谦辞。

光绪十二年《顺天府志·方言（上）》：燕北士庶皆自称为小人。

第二回：小人姓封，并不姓甄。

46. 丫头：特指婢女。

光绪二十二年《滦州志》：女婢亦曰丫头。

第三回：每人一个奶娘并一个丫头照管，余者在外间上夜听唤。

47. 吆喝：呵斥，喝令。

光绪十年《玉田县志》：吆喝：斥责也。

第九回：贾瑞忙吆喝："茗烟不得撒野！"

48. 一块儿：一起。

光绪十年《玉田县志》：一块儿：相聚也。

第二十八回：那丫头说等着宝玉一块儿走。

49. 硬朗：身体健壮。

光绪十年《玉田县志》：硬朗：犹强健也。

第五十七回：趁早儿老太太还明白硬朗的时节，作定了大事要紧。

50. 月亮：月球的通称。

乾隆五十五年《大名县志》：月曰月亮。

第三十五回：见了星星月亮，不是长吁短叹，就是咕咕哝哝的。

51. 崽子：詈词。

光绪二十二年《滦州志》：詈人曰小子，藐之曰崽子。

第十回：这秦钟小崽子是贾门的亲戚，难道荣儿不是贾门的亲戚？

52. 再说罢：难以提前决定。

光绪十年《玉田县志》：走者瞧：难豫定也。又曰再看罢、再说罢。

第十回：等这个张先生来瞧了再说罢。

53. 在行：内行。对某事、某行业了解底细且有经验。

乾隆五十五年《大名县志》：晓事曰在行。

第十六回：偏你又怕他不在行了。谁都是在行的？

54. 咱们：我；我们。指说话的一方。

光绪十年《玉田县志》：咱们：犹云我辈。

第二十二回：明儿就这样行，也叫他们借咱们的光儿。

55. 糟蹋：浪费。

光绪十年《玉田县志》：糟蹋：毁谤也。又曰糟践。又凡毁弃各物也。

第十九回：他吃了倒好，搁在这里白糟蹋了。

56. 这里：指比较近的处所。

乾隆五十五年《大名县志》：此处曰这里。

第十回：他要想什么吃，只管到这里取来。

二 词形不同

(一) 有无"儿"尾

1. 瞅空儿/瞅空：伺机；乘隙。

光绪十年《玉田县志》：瞅空儿：伺隙也。

第七十七回：倘或那丫头瞅空寻了死，反不好了。

2. 管约儿/管约：管辖约束。

光绪十年《玉田县志》：管约儿：有制服也。

第四回：只是薛蟠起初之心，原不欲在贾宅居住者，但恐姨父管约拘禁，料必不自在的。

(二) 词尾分别是"儿"与"子"

小婶儿/小婶子：丈夫的弟弟的妻子。

光绪十年《玉田县志》：小婶儿：妇人谓夫弟妇。

第四十六回：也有大伯子要收屋里的人，小婶子如何知道？

(三) 所用方言本字不同

1. 暑怨/抱怨：埋怨。

光绪二十二年《滦州志》：恨人曰暑怨。

第三十六回：这也抱怨不着我，我倒乐得给他们呢。

2. 打急慌/打饥荒：借债。

光绪十年《玉田县志》：打急慌：争斗也。又得财济困也。

第三十六回：先时在外头关，那个月不打饥荒，何曾顺顺溜溜的得过一遭儿。

3. 颠夺/战敠：忖度。

光绪十年《玉田县志》：颠夺：思忖也。

第四十四回：平儿今见他这般，心中也暗暗的战敠。

4. 点者/惦着：思念，挂念。

光绪十年《玉田县志》：点者：记念也。点读如店。

第十一回：太太那里又惦着你。

5. 端者/端着：双手平举捧物。

光绪十年《玉田县志》：端者：捧持物也。

第二十回：宝玉见他才有汗意，不肯叫他起来，自己便端着就枕与他吃了，即命小丫头子们铺炕。

6. 蛞蛞/蝈蝈：一种像蝗虫的昆虫，身体绿色或褐色，腹大，翅短，善跳跃，吃植物的嫩叶和花。雄的借前翅基部摩擦发声。

光绪十二年《顺天府志·方言（下）》：草虫一种善鸣者，顺天人谓之蛞蛞。

第四十回：这是蝈蝈，这是蚂蚱。

7. 衕衕/胡同：源于蒙古语，元代人呼街巷为胡同，后即为北方街巷的通称。

光绪十二年《顺天府志·方言（上）》：京师人呼巷为衕衕。

第十回：他是东胡同里璜大奶奶的侄儿。

8. 洚嘴/强嘴：顶嘴。

光绪十年《玉田县志》：洚嘴：反唇相稽也。

第四十四回：离的又不远，你聋了不成？你还和我强嘴！

9. 劳忉/唠叨：说话没完没了。

光绪十年《玉田县志》：劳忉：絮语也。

第五十五回：李纨急得只管劝，赵姨娘只管还唠叨。

10. 摹不著/摸不着：弄不清楚。

光绪十年《玉田县志》：摹不著：犹云不知也。

第二十一回：我还摸不着是为什么，这会子你又说我恼了。

11. 厦/煞：什么。

乾隆五十五年《大名县志》：不知而问曰厦。

第六回：打发咱们作煞事来？

12. 梯奚/梯己：私人积蓄。

光绪十年《玉田县志》：梯奚：私积也。

第五十五回：可以使不着官中的钱，老太太自有梯己拿出来。

13. 嬉憨/稀罕：喜欢。

光绪十年《玉田县志》：嬉憨：爱也。盖喜欢之讹。

第二十九回：黛玉将头一扭道："我不稀罕！"

14. 一休/一宿：一夜。

光绪十年《玉田县志》：一休：一夜也。休读上声，盖宿之讹。

第二十四回：那天已是掌灯时候，贾芸吃饭，收拾安歇，一宿无话。

（四）音近义同，词形不同

1. 收收/叔叔：叔父。

光绪十年《玉田县志》：收收婶子：叔父母也。

第二十四回：叔叔也不必先在婶子跟前提我今儿来打听的话。

2. 小收子/小叔子：丈夫的弟弟。

光绪十年《玉田县志》：妇人谓夫弟也。收盖叔之讹。

第五十二回：别人不过是礼上面子情儿，实在他是真疼小叔子小姑子。

三 共有方言词的分析

前面两大类，第一类有56个，第二类有19个，共有方言词合计75个。下面再从两个角度对共有方言词进行分析。

（一）语法分类

从语法角度看，共有方言词分别属于词、熟语和短语。

1. 属于词的有：本事、笨、才刚、㧟、吵、串门子、跐、搭包、打嘴、大伯子、大娘、得罪、吊猴、丢丑、翻脸、该着、哥儿、各人、今儿、坎肩儿、累赘、蚂蚱、明儿、抹、那里、能奈、你老、撵、瞥、齐整、俏皮、傻、婶子、数落、套间、玩、小人、丫头、吆喝、一块儿、硬朗、月亮、崽子、在行、咱们、糟蹋、这里、瞅空儿/瞅空、管约儿/管约、小婶儿/小婶子、暑怨/抱怨、颠夺、敁敠、聒聒、蝈蝈、衚衕/胡同、㳟嘴/强嘴、劳叨/唠叨、厦/煞、梯奚/梯己、嬉憨/稀罕、收收/叔叔、小收子/小叔子。

（1）从词的音节数量上看，有单音词、复音词和多音词，复音词的数量最多，还有一组由于词形不同导致音节数量不同。

单音词：笨、㧟、吵、跐、哥儿、今儿、明儿、抹、撵、瞥、傻、玩。

复音词：本事、才刚、搭包、打嘴、大娘、得罪、吊猴、丢丑、翻脸、该着、各人、坎肩儿、累赘、蚂蚱、那里、能奈、你老、齐整、俏皮、婶子、数落、套间、小人、丫头、吆喝、一块儿、硬朗、月亮、崽子、在行、咱们、糟蹋、这里、暑怨/抱怨、瞅空儿/瞅空、颠夺/敁敠、管约儿/管约、聒聒/蝈蝈、衚衕/胡同、㳟嘴/强嘴、劳叨/唠叨、厦/煞、梯奚/梯己、嬉憨/稀罕、收收/叔叔。

多音词：串门子、大伯子、小收子/小叔子。

下面一组音节数量不同：小婶儿/小婶子。

（2）从词的结构上看，有单纯词和合成词，其中单纯词又分为单音单纯词、叠音词和联绵词，合成词又分为复合词、重叠词和派生词，以上各类，复合词的数量最多。

单音单纯词：笨、搀、吵、跐、哥儿、今儿、明儿、抹、撵、瞥、傻、玩、厦/煞。

叠音词：聒聒/蝈蝈。

联绵词：颠夺/战敪、衚衕/胡同、劳切/唠叨。

复合词：本事、才刚、搭包、打嘴、大娘、得罪、吊猴、丢丑、翻脸、该着、各人、坎肩儿、累赘、蚂蚱、那里、能奈、你老、齐整、俏皮、数落、套间、梯奚/梯己、吆喝、一块儿、硬朗、月亮、在行、咱们、糟蹋、嬉憨/稀罕、这里、瞅空儿/瞅空、管约儿/管约、誉怨/抱怨、泺嘴/强嘴。

重叠词：收收/叔叔。

派生词：串门子、大伯子、婶子、小人、丫头、崽子、小婶儿/小婶子、小收子/小叔子。

（3）从词类上看，有名词、动词、形容词、代词和副词，名词和动词的数量多，副词最少。

名词：本事、搭包、大伯子、大娘、哥儿、各人、今儿、坎肩儿、蚂蚱、明儿、能奈、婶子、套间、小人、丫头、月亮、崽子、小婶儿/小婶子、聒聒/蝈蝈、衚衕/胡同、收收/叔叔、小收子/小叔子。

动词：搀、吵、串门子、跐、打嘴、得罪、丢丑、翻脸、该着、吊猴、抹、撵、瞥、数落、玩、吆喝、糟蹋、瞅空儿/瞅空、管约儿/管约、泺嘴/强嘴、劳切/唠叨、嬉憨/稀罕。

形容词：笨、累赘、齐整、俏皮、傻、硬朗、在行、梯奚/梯己。

代词：那里、你老、咱们、这里、誉怨/抱怨、颠夺/战敪、厦/煞。

副词：才刚、一块儿。

2. 属于熟语的有：打抽丰、大模大样、犯不上、犯不着、猛不防、再说罢、打急慌、打饥荒、摹不著/摸不着。

再进行细分，大模大样是成语，其余都是惯用语。

3. 属于短语的有：不害臊、不相干、拿主意、点者/惦着、端者/端着、一休/一宿。

再细分，不害臊、不相干是否定结构，拿主意是动宾结构，点者/惦着、端者/端着是动词加助词结构，一休/一宿是数量结构。

（二）语义类别

在语义类别上，突出的是亲属词，有：大伯子、大娘、婶子、小婶儿/小婶子、收收/叔叔、小收子/小叔子。

第二节 《红楼梦》与苏南清代地方志共有的方言词

清代记录苏南方言词的地方志，波多野太郎《中国方志所录方言汇编》①（第二、六编）有：康熙二十六年《常熟县志》、乾隆十年《吴县志》、乾隆十一年《震泽县志》、乾隆十二年《苏州府志》、乾隆十二年《吴江县志》、乾隆十五年《宝山县志》、乾隆十五年《昆山新阳合志》、乾隆二十五年《崇明县志》、乾隆二十六年《元和县志》、乾隆三十八年《吴门补乘》、嘉庆十九年《上海县志》、嘉庆二十二年《松江府志》、道光四年《上元县志》、道光四年《苏州府志》、同治七年《上海县志》、光绪五年《川沙厅志》、光绪五年《靖江县志》、光绪五年《青浦县志》、光绪六年《周庄镇志》、光绪七年《崇明县志》、光绪七年《嘉定县志》、光绪八年《宝山县志》、光绪八年《杨舍堡城志稿》、光绪十年《重修奉贤县志》、光绪十一年《丹阳县志》、光绪二十四年《常昭合志》、光绪二十五年《黎里续志》、光绪二十六年《盛湖志补》、光绪三十年《常昭合志稿》。总之，各地方志在时间上，从康熙二十六年（1685）到光绪三十年（1904），时间跨度很大，超过300年，在地域上，覆盖苏南大部分区域。

以上地方志记录方言，有的转引其他著作，尤其是乾隆十二年《苏州府志》、乾隆十五年《宝山县志》和乾隆十五年《昆山新阳合志》所收方言词被后世苏南地方志大量转引。每部地方志收词数量多少不同，最多的是光绪二十五年《黎里续志》，收词105条，最少的是乾隆十年《吴县志》，仅收8条。光绪八年《宝山县志》把所收方言词分为两类，"方言之近古者""方言之通俗者"，前一类与《红楼梦》相同的有22

---

① 波多野太郎：《中国方志所录方言汇编》，横滨市立大学纪要，1963—1972年。

个，后一类与《红楼梦》相同的有5个。

在确定《红楼梦》与苏南地方志的方言词是否是同一个词的时候，还要排除以下两种类型：第一种类型是同一个词在苏南地方志与《红楼梦》使用不同义位，例如"经纪"，光绪八年《宝山县志》："经纪：俗呼营生者。"这里的词义是指产业的经营管理。《红楼梦》："大爷派他去，原不过是个坐纛旗儿，难道认真的叫他讲价钱会经纪去呢！"这里的词义是经营买卖。两个例句使用不同的义位，不能认为是同一个方言词。第二种类型是《红楼梦》和苏南地方志用了同一概念的不同名称，例如"耳边风/耳旁风"，道光四年《苏州府志》："人聆言不省曰耳边风。"《红楼梦》第八回："我平日和你说的，全当耳旁风。"

由于有的地方志出现时间早于《红楼梦》，所以先列地方志，再列举《红楼梦》的例句。有的方言词在多部地方志里重现，只列一部作为代表，《红楼梦》的例句只标回数。方言词按音序排列。

一　完全相同

1. 腌臜：脏，不干净。

光绪十一年《丹阳县志》：腌臜：不蠲洁也。

第二十五回：破衲芒鞋无住迹，腌臜更有满头疮。

2. 标致：貌美。

光绪十一年《丹阳县志》：标致：美也。

第三回：天下真有这样标致的人物，我今儿才算见了！

3. 不快：有病，不舒适。

嘉庆二十二年《松江府志》：人有病曰不快。

第七十一回：南安太妃便告辞，说身上不快。

4. 不耐烦：有病。

道光四年《苏州府志》：人有病曰不耐烦。

第三十五回：迎春身上不耐烦，不吃饭。

5. 不中用：无用。

道光四年《苏州府志》：人无用曰不中用。

第五十五回：大奶奶是个佛爷，也不中用。

6. 财主：有大量财产的人。

光绪八年《宝山县志》：财主：俗呼富室。

第四十三回：我知道你们这几个都是财主，分位虽低，钱却比他们多。

7. 诧异：令人惊异。

乾隆十五年《昆山新阳合志》：非常事曰诧异。

第五十六回：三人都诧异，都问这是为何。

8. 缠：纠缠。

光绪二十五年《黎里续志》：泥人不已曰缠。

第十七回至第十八回：黛玉被宝玉缠不过，只得起来。

9. 冲撞：冒犯。

光绪八年《宝山县志》：冲撞：俗言犯上。

第六十回：宝玉是哥哥，不敢冲撞他罢了。

10. 畜生：畜养的禽兽。

光绪八年《杨舍堡城志稿》：兽曰畜生。

第三十五回：如今父亲没了，我不能多孝顺妈多疼妹妹，反教娘生气妹妹烦恼，真连个畜生也不如了。

11. 凑巧：正好，偶然巧合。

光绪五年《靖江县志》：事之适相值曰凑巧。

第十三回：事倒凑巧，正有个美缺。

12. 撺掇：怂恿。

光绪八年《宝山县志》：撺掇：俗言诱人成事。

第二十九回：便是各人的主子懒怠去，他也百般撺掇了去。

13. 打扮：使容貌和衣着好看。

光绪十一年《丹阳县志》：打扮：修容止也。

第六十二回：平儿也打扮的花枝招展的来了。

14. 打听：探听消息。

光绪二十五年《黎里续志》：探事探人曰打听。

第二十四回：且说贾芸进去见了贾琏，因打听可有什么事情。

15. 呆：痴，傻。

乾隆十二年《苏州府志》：谓不慧曰呆。

第六十八回：我虽然是个呆子，也呆不到如此。

16. 呆子：傻瓜，蠢才。

乾隆十年《吴县志》：不慧者谓之呆子。

第五十七回：真真是个呆子，连个当票子也不知道。

17. 挡：阻拦。

光绪八年《宝山县志》：挡：俗言遮拦。

第六十六回：咱们都在那里站着，他只站在头里挡着人。

18. 点心：糕饼之类的食品，不是正餐。

道光四年《苏州府志》：小食曰点心。

第七十一回：这里有点心，且点补一点儿，回来再吃饭。

19. 东西：泛指各种事物。

乾隆十五年《昆山新阳合志》：物件曰东西。

第二十一回：拿出去的东西都收进来了么？

20. 度量：考虑。

光绪十一年《丹阳县志》：度量：筹处事也。

第三十九回：这一个小爷屋里要不是袭人，你们度量到个什么田地！

21. 掇：拾取。

乾隆十五年《昆山新阳合志》：两手取物曰掇。

第三十八回：自令人掇了一个绣墩倚栏杆坐着，拿着钓竿钓鱼。

22. 躲：躲避。

光绪五年《靖江县志》：藏避曰躲。

第二十四回：那丫头见了贾芸，便抽身躲了过去。

23. 恶心：形容使人讨厌到了极点。

光绪七年《崇明县志》：恶心：物之可厌弃者。

第三十二回：好哥哥，你不必说话教我恶心。

24. 发迹：发财。

光绪二十五年《黎里续志》：财多者曰发迹。

第六十五回：这鲍二原因妻子发迹的，近日越发亏他。

25. 奉承：逢迎，阿谀。

光绪五年《青浦县志》：谓谄媚为奉承。

第十五回：一路话奉承的凤姐越发受用，也不顾劳乏，更攀谈起来。

26. 干净：没有尘土、杂质等。

光绪十一年《丹阳县志》：干净：蠲洁也。

第二十三回：你看这里的水干净。

27. 功夫：时间。

光绪八年《宝山县志》：功夫：俗云工夫。

第七十三回：通共这一夜的功夫，你把心暂且用在这几本书上，等过了这一关，由你再张罗别的去。

28. 瓜葛：比喻辗转相连的亲戚关系或社会关系。

光绪十一年《丹阳县志》：瓜葛：交关人物也。

第八回：因素与贾家有些瓜葛，故结了亲，许与贾蓉为妻。

29. 乖觉：机警，灵敏。

光绪十一年《丹阳县志》：乖觉：俊快可喜。

第五十六回：他生的倒也还干净，嘴儿也倒乖觉。

30. 聒噪：打扰，麻烦。

光绪十一年《丹阳县志》：聒噪：扰人也。

第九回：这会子为这点子事去聒噪他老人家，倒显的咱们没理。

31. 寒毛：人体皮肤上的细毛。

光绪八年《宝山县志》：人身三万六千毛孔，有一孔则有一毛，过寒则落而复生，故曰寒毛。

第六回：你老拔根寒毛比我们的腰还粗呢！

32. 糊涂：头脑不清，不明事理。

光绪三十年《常昭合志稿》：谓心中不了了曰糊涂。

第二十回：我虽糊涂，却明白这两句话。

33. 家伙：器具。

乾隆十二年《苏州府志》：器用曰家伙。

第三十五回：凤姐先忙着要干净家伙来，替宝玉拣菜。

34. 精致：精美工巧。

光绪二十五年《黎里续志》：小而齐整者曰精致。

第五十三回：外另设一精致小高桌，设着酒杯匙箸。

35. 窟窿：孔，洞。

光绪八年《宝山县志》：孔曰窟笼。

第六十二回：倘或那孔雀褂子再烧个窟窿，你去了谁可会补呢。

36. 懒腰：人疲乏时舒展腰肢。

光绪二十五年《黎里续志》：欠伸曰懒腰。

第二十六回：只见黛玉在床上伸懒腰。

37. 唠叨：说话啰唆、不简洁。

光绪十一年《丹阳县志》：唠叨：言之多而躁也。

第五十二回：如今他们见咱们挤在一处，又该唠叨了。

38. 踉跄：跌跌撞撞，行步歪斜。

光绪二十五年《黎里续志》：行不端徐曰踉跄。

第三十一回：晚间回来，已带了几分酒，踉跄来至自己院内。

39. 溜：偷偷地走，悄悄地走。

光绪二十五年《黎里续志》：有所趋避而倏遁曰溜。

第六十五回：贾珍得便就要一溜，尤三姐那里肯放。

40. 流落：漂泊外地，穷困失意。

光绪八年《宝山县志》：流落：俗谓人漂流在外。

第七十七回：谁知他姑舅哥哥一朝身安泰，就忘却当年流落时。

41. 卖弄：故意显示，炫耀。

乾隆十二年《苏州府志》：自夸大曰卖弄。

第七十五回：都要卖弄自己家的好厨役好烹炮。

42. 莽撞：言语、行动轻率鲁莽。

光绪十一年《丹阳县志》：莽撞：不雅驯也。

第六回：等奶奶下来，我细细回明，奶奶想也不责备我莽撞的。

43. 毛病：缺点，错误。

道光四年《苏州府志》：习气曰毛病。

第五十九回：出了嫁，不知怎么就变出许多的不好的毛病来。

44. 孟浪：鲁莽，冒昧。

光绪十一年《丹阳县志》：孟浪：不雅驯也。

第七十七回：若论我们也有顽笑不留心的孟浪去处，怎么太太竟忘了？

45. 腼腆：害羞，不自然。

光绪十一年《丹阳县志》：腼腆：面羞涩也。

第七回：他生的腼腆，没见过大阵仗儿，婶子见了，没的生气。

46. 欺负：欺凌，压迫。

乾隆十二年《苏州府志》：见陵于人曰欺负。

第七十四回：由着你们欺负他，就错了主意！

47. 齐整：端正，漂亮。

光绪八年《杨舍堡城志稿》：美曰齐整、曰体面。

第四回：其模样虽然出脱得齐整好些，然大概相貌，自是不改。

48. 取笑：耍笑，开玩笑。

乾隆十五年《昆山新阳合志》：戏谑曰取笑。

第四十一回：众人笑的拍手打脚，还要拿他取笑。

49. 日头：太阳。

乾隆十五年《昆山新阳合志》：日曰日头。

第三十一回：怪道人都管着日头叫"太阳"呢。

50. 事体：事情，情况。

光绪五年《靖江县志》：有事曰事体。

第五回：其余事体，自有伙计老家人等措办。

51. 闩：门关上后，横插在门内使门推不开的木棍或铁棍。

乾隆十二年《苏州府志》：门之关曰闩。

第七十一回：刚至园门前，只见角门虚掩，犹未上闩。

52. 酥：指人受到刺激后，身体发软。

光绪二十五年《黎里续志》：人之被震恐而不能自主也曰酥。

第二十五回：忽一眼瞥见了林黛玉风流婉转，已酥倒在那里。

53. 汤：热水。

光绪八年《宝山县志》：俗呼热水曰汤。

第七十七回：听得这话，促人来舀了面汤，催宝玉起来盥漱。

54. 体面：好看，漂亮。

光绪八年《杨舍堡城志稿》：美曰齐整、曰体面。

第三十九回：可惜这么个好体面模样儿，命却平常。

55. 天亮：指太阳将要露出地平线，天空发出光亮的时候。

乾隆十五年《昆山新阳合志》：天明曰天亮。

第四十八回：一时天亮，宝钗醒了。

56. 头面：首饰，头部装饰品。

乾隆十二年《苏州府志》：首饰曰头面。

第七十二回：明儿再过一年，各人搜寻到头面衣服，可就好了！

57. 望：看。

乾隆十二年《苏州府志》：看曰望。

第六十七回：三姐喜出望外，连忙收了，挂在自己绣房床上，每日望着剑，自笑终身有靠。

58. 葳蕤：委顿貌。

光绪十一年《丹阳县志》：葳蕤：少精彩也。

第二十六回：只管这么葳蕤，越发心里烦腻。

59. 稳重：沉静庄重，沉着而有分寸。

光绪十一年《丹阳县志》：稳重：老成也。

第二十二回：谁想贾母自见宝钗来了，喜他稳重和平。

60. 丫头：婢女。

光绪八年《宝山县志》：丫头：俗呼小婢。

第二十一回：谁知四儿是个聪敏乖巧不过的丫头。

61. 咬：比喻攀扯或诬陷他人。

光绪二十五年《黎里续志》：证人之辞也坚不可移曰咬。

第三十四回：被人生生的一口咬死是他，有口难分。

62. 舀：用瓢、勺等取物。

乾隆十五年《昆山新阳合志》：以杓取水曰舀。

第二十五回：只见几个丫头舀水，都在回廊上围着看画眉洗澡呢。

63. 冤家：仇人。

光绪八年《宝山县志》：冤家：俗呼仇人。

第五十九回：复又看见了藕官，又是他令姊的冤家，四处凑成一股怒气。

64. 月半：指农历每月十五日。

光绪八年《宝山县志》：月半：俗呼望日。

第二回：我也无紧事，且盘桓两日，待月半时也就起身了。

65. 月亮：月球的通称。

乾隆十五年《昆山新阳合志》：月曰月亮。

第三十一回：算命的管着月亮叫什么"太阴星"，就是这个理了。

66. 在行：内行。对某事、某行业了解底细且有经验。

光绪五年《靖江县志》：能干事曰在行。

第十六回：偏你又怕他不在行了。谁都是在行的？

67. 招摇：炫耀，张扬。

光绪十一年《丹阳县志》：招摇：彰著也。

第四回：何必如此招摇！

68. 赚：获得利润。

光绪八年《宝山县志》：赚：俗言得利。

第七十八回：虽然他妹子出名，其实赚了钱两个人平分。

69. 赚钱：挣得钱财。

乾隆十二年《苏州府志》：觅钱曰赚钱。

第四十八回：赚钱也罢，不赚钱也罢，且躲躲羞去。

70. 撞：不期而遇，偶然遇见。

光绪二十五年《黎里续志》：初非有所要质也，猝而与之遇曰撞。

第八十回：不防正遇见他二人推就之际，一头撞了进去，自己倒羞的耳面飞红。

71. 捉弄：戏弄，使人为难。

光绪二十五年《黎里续志》：陷人于过，令其处负曰捉弄。

第十二回：此时贾瑞前心犹是未改，再想不到是凤姐捉弄他。

二 词形不同

（一）有无"子"尾

一出／一出子：一番，一次。

光绪八年《宝山县志》：俗谓一番为一出。

第六十回：趁着这回子撞尸的撞尸去了，挺床的便挺床，吵一出子，大家别心净，也算是报仇。

（二）音同义同，使用方言本字不同

1. 抽替／抽屉：桌子、柜子等家具中放东西用的匣子，有底，没盖，可以抽出来推进去。

光绪八年《宝山县志》：抽替：俗呼器皿之抽头。

第二十六回：向抽屉内找笔，找了半天都是秃了的。

2. 含胡／含糊：形容声音、言语或意思等不清晰、不明确。

乾隆十二年《苏州府志》：谓语不明白曰含胡。

第三十六回：宝玉已醒了，问起原故，袭人且含糊答应，至夜间人静，袭人方告诉。

3. 媌条／苗条：形容妇女身材细长，婀娜多姿。

光绪十一年《丹阳县志》：媌条：言人物之长也。

第三回：身量苗条，体格风骚，粉面含春威不露，丹唇未起笑先闻。

4. 爽俐／爽利：爽快。

光绪十一年《丹阳县志》：爽俐：俊快可喜。

第二回：言谈又爽利，心机又极深细，竟是个男人万不及一的。

5. 亡赖／无赖：游手好闲，刁滑强横的人。

光绪八年《宝山县志》：亡赖：俗呼不习善者。

第六十八回：只说张华无赖，因拖欠了贾府银两，枉捏虚词，诬赖良人。

6. 子细／仔细：细心。

光绪八年《宝山县志》：俗呼子细。见《北史·源思礼传》及杜诗。

第七十三回：又吩咐各上夜人仔细搜查。

（三）音近义同词形不同

倔僵/倔强：强硬直傲，不屈于人。

光绪十一年《丹阳县志》：倔僵：坚持也。

第六十回：自此便百依百随的，不敢倔强了。

三　共有方言词的分析

前面两类，第一种类型有71个，第二种类型有8个，共有的方言词合计79个。下面再从两个角度对共有方言词进行分析。

（一）**语法分类**

从语法角度看，共有方言词分别属于词和短语，没有熟语。

1. 属于词的有：腌臜、标致、财主、诧异、缠、冲撞、畜生、凑巧、撺掇、打扮、打听、呆、呆子、挡、点心、东西、度量、掇、躲、恶心、发迹、奉承、干净、功夫、瓜葛、乖觉、聒噪、寒毛、糊涂、家伙、精致、窟窿、懒腰、唠叨、跟跄、溜、流落、卖弄、莽撞、毛病、孟浪、腽胴、欺负、齐整、取笑、日头、事体、闩、酥、汤、体面、天亮、头面、望、葳蕤、稳重、丫头、咬、舀、冤家、月半、月亮、在行、招摇、赚、赚钱、撞、捉弄、抽替/抽屉、含胡/含糊、媌条/苗条、爽俐/爽利、亡赖/无赖、子细/仔细、倔僵/倔强。

（1）从词的音节数量上看，有单音词和复音词，没有多音词。

单音词：缠、呆、挡、掇、躲、溜、闩、酥、汤、望、咬、舀、赚、撞。

复音词：腌臜、标致、财主、诧异、冲撞、畜生、凑巧、撺掇、打扮、打听、呆子、点心、东西、度量、恶心、发迹、奉承、干净、功夫、瓜葛、乖觉、聒噪、寒毛、糊涂、家伙、精致、窟窿、懒腰、唠叨、跟跄、流落、卖弄、莽撞、毛病、孟浪、腽胴、欺负、齐整、取笑、日头、事体、体面、天亮、头面、葳蕤、稳重、丫头、冤家、月半、月亮、在行、招摇、赚钱、捉弄、抽替/抽屉、含胡/含糊、媌条/苗条、爽俐/爽利、亡赖/无赖、子细/仔细、倔僵/倔强。

（2）从词的结构上看，有单纯词和合成词，其中单纯词又分为单音单纯词和联绵词，合成词又分为复合词和派生词，以上各类，复合词的数量最多。

单音单纯词：缠、呆、挡、掇、躲、溜、闩、酥、汤、望、咬、臽、赚、撞。

联绵词：腌臜、糊涂、窟窿、唠叨、踉跄、莽撞、孟浪、腼腆、葳蕤。

复合词：标致、财主、诧异、冲撞、畜生、凑巧、撺掇、打扮、打听、点心、东西、度量、恶心、发迹、奉承、干净、功夫、瓜葛、乖觉、聒噪、寒毛、家伙、精致、懒腰、流落、卖弄、毛病、欺负、齐整、取笑、事体、体面、天亮、头面、稳重、冤家、月半、月亮、在行、招摇、赚钱、捉弄、抽替/抽屉、含胡/含糊、猫条/苗条、爽俐/爽利、亡赖/无赖、子细/仔细、倔僵/倔强。

派生词：呆子、日头、丫头。

（3）从词类上看，有名词、动词和形容词，三类词的数量相差不大。

名词：财主、畜生、呆子、点心、东西、度量、功夫、瓜葛、寒毛、家伙、窟窿、懒腰、毛病、日头、事体、闩、酥、汤、头面、丫头、冤家、月半、月亮、抽替/抽屉。

动词：诧异、缠、冲撞、撺掇、打扮、打听、挡、掇、躲、恶心、发迹、奉承、聒噪、唠叨、踉跄、溜、流落、卖弄、孟浪、欺负、取笑、天亮、望、咬、臽、招摇、赚、赚钱、撞、捉弄、亡赖/无赖。

形容词：腌臜、标致、凑巧、呆、干净、乖觉、糊涂、精致、莽撞、腼腆、齐整、体面、葳蕤、稳重、在行、含胡/含糊、猫条/苗条、爽俐/爽利、子细/仔细、倔僵/倔强。

2. 短语：不快、不耐烦、不中用、一出/一出子、

再细分，不快、不耐烦、不中用是否定结构，一出/一出子是数量结构。

（二）语义类别

在语义类别上，突出的是书面语性质的词比较多，有：诧异、冲撞、度量、奉承、乖觉、精致、流落、莽撞、腼腆、事体、葳蕤、稳

重、招摇、爽俐/爽利、倔僵/倔强。

第三节 对比的结论

对比前两节的比较结果，可以得出以下结论。

1. 方言词数量。《红楼梦》与京津冀共有的方言词是 75 个，少于《红楼梦》与苏南共有的 79 个。《红楼梦》与京津冀地方志、苏南地方志三者共有的方言词是：唠叨、齐整、丫头、月亮、在行。这 5 个词既然北方和南方都有，可以认为不是方言词，而是清代的通用语词汇。

2. 共有的方言词的特点。在亲属称谓词方面，《红楼梦》与京津冀地方志共有的有 7 个：大伯子、大娘、哥儿、婶子、小婶子、叔叔、小叔子。《红楼梦》与苏南地方志没有相同的。

在人称代词方面，《红楼梦》与京津冀地方志共有的 3 个：各人、你老、咱们。《红楼梦》与苏南地方志没有相同的。

在惯用语方面，《红楼梦》与京津冀共有的有 11 个：不害臊、不相干、串门子、打抽丰、犯不上、犯不着、猛不防、拿主意、再说罢、打饥荒、摸不着。《红楼梦》与苏南地方志没有共同的。

在联绵词方面，《红楼梦》与京津冀地方志共有的有 2 个：衖衕、唠叨。与苏南地方志共有的有 9 个：糊涂、窟窿、唠叨、踉跄、莽撞、孟浪、腼腆、葳蕤、腌臜。

总之，在共有的方言词总量上，《红楼梦》和苏南清代地方志相同的多，数量占优势。但是在亲属称谓词、人称代词和惯用语方面，《红楼梦》和京津冀清代地方志相同的多，特色方言词占优势。总起来看，在地方志方言词方面，《红楼梦》与北方和南方都有密切关系。

第三章

《红楼梦》与京津冀清代方言著作方言词的关系

我国古代的方言研究到清代达到了高峰，出现了众多专门的方言著作，就京津冀清代方言而言，专门方言著作有王树枬《畿辅方言》五卷，英浩《神京方言小识》二卷，史梦兰《燕说》四卷。王树枬《畿辅方言》被收入《畿辅通志》中，收录"河北古方言词语345个，清时方言词语63个"[1]，《神京方言小识》收词量很小，史梦兰《燕说》[2]四卷，"全书共收600条俚语"[3]。600个词语全部是清末的方言词，相比较而言，《燕说》在3种方言著作中的价值最大，能够反映京津冀清代方言词的概况。[4]《燕说》记录的词最多，我们就以《燕说》为参照，进行分析。

《吴下方言考》是清代的一部考证吴方言词的著作，全书收集苏州及周围地区的方言词共993条，此书刊行于乾隆四十八年（1783），由于时代相近，适合与《红楼梦》的方言词进行验证。

把《红楼梦》与《燕说》《吴下方言考》的方言词进行对比，用以探讨《红楼梦》与京津冀清代、苏南清代方言著作方言词的关系。

第一节 《红楼梦》与《燕说》共有的方言词

经过对比，《红楼梦》与《燕说》共有的方言词有两种类型，一是

---

[1] 褚红：《王树枬与他的〈畿辅方言〉》，《语文学刊》2009年第12期。
[2] 史梦兰：《燕说》，《史梦兰集》第三册，天津古籍出版社2015年版。
[3] 高光新：《〈燕说〉与清末唐山方言词汇》，《唐山师范学院学报》2013年第4期。
[4] 高光新：《清代京津冀方言词概况——以史梦兰〈燕说〉为参照》，《唐山师范学院学报》2015年第1期。

完全相同，二是词形有差异，主要是《燕说》用本字记录方言词，这是因为《燕说》的写作目的是："然辨物称名之际，传声写貌之间，往往有茇童灶妾习其语，而学士大夫不能举其字者，余心歉焉。"以书面语解释口语，查找口语词的源头，所以有些方言词用的是本字，例如桌椅的桌，最初的字形是"卓"，宋·史绳祖《学斋占毕》卷二："盖其席地而坐，不设卓倚，即古之设筵敷席也。"也曾经借用过"棹"，《朱子语类》卷九十："同人在旅中遇有私忌，于所舍设棹，炷香可否？"后来才变为"桌"，明·文秉《列皇小识》卷二："上与讲官俗共一桌，真不啻天颜咫尺矣。"后来在字形演变过程中，"棹"被淘汰，只剩下"桌"，沿用至今。在文献出现的时间上，"棹"早于"桌"，所以《燕说》定的本字是"棹"，而不是使用更广泛的"桌"。

在确定两种著作的方言词是否是同一个词的时候，还要排除以下两种类型：第一种类型是同一个词在《燕说》里是方言词，而在《红楼梦》里不是，例如"底"，《燕说》卷三："文书稿曰底。"这个义位在《红楼梦》里没有出现。第二种类型是《红楼梦》和《燕说》用了同一概念的不同名称，例如"促织/蛐蛐"，《红楼梦》第七十三回："今日正在园内掏促织，忽在山石背后得了一个五彩绣香囊。"《燕说》卷四："促织曰趣趣。"

《红楼梦》早于《燕说》，先列《红楼梦》例句，标上所出现的回数，再列《燕说》词条。方言词按其在《燕说》中的顺序排列。

一　完全相同

1. 伶俐：机灵，灵活。
口齿伶俐，机谋深远。（第十九回）
敏爽曰伶俐。（卷一）

2. 标致：貌美。
竟变了一个最标致美貌的小姐。（第十九回）
美貌曰标致。盖为风标姿致之意。（卷一）

3. 絮叨：形容说话烦琐细碎。
奶奶才进了药歇下，不便为这点子小事去絮叨。（第六十一回）

言语烦复曰絮叨。（卷一）

4. 腌臜：脏，不干净。

破衲芒鞋无住迹，腌臜更有满头疮。（第二十五回）

不洁曰腌臜。（卷一）

5. 咕哝：小声说话。

一面悄推宝玉，使他赌气；一面悄悄的咕哝说……（第八回）

言语不明曰咕哝。（卷一）

6. 张罗：照料，处理。

一应张罗款待，独是凤姐一人周全承应。（第十四回）

与人干事曰张罗，取设法搜索之义。（卷一）

7. 将养：修养身体。

一则打重了，得着实将养几个月才走得。（第三十六回）

养曰将养。（卷一）

8. 打扮：使容貌和衣着好看；装饰。

这个人打扮与众姑娘不同。（第三回）

装饰曰打扮。（卷一）

9. 腾挪：掉换。

将梨香院早已腾挪出来，另行修理了。（第十七回）

移置曰腾挪。（卷一）

10. 窟窿：孔，洞。

倘或那孔雀褂子再烧个窟窿，你去了谁可会补呢。（第六十二回）

孔穴曰窟窿，一作库鹿。（卷一）

11. 抱怨：埋怨。

凤姐故意抱怨他失信，贾瑞急的赌身发誓。（第十二回）

恨人曰曓怨。（卷一）

12. 卖弄：故意显示，炫耀。

那凤姐素日最喜揽事办，好卖弄才干。（第十三回）

讥人自夸曰卖弄。（卷一）

13. 支吾：讲话含混躲闪，用含混闪烁的话搪塞。

宝姐姐不替他圆谎，他支吾着我。（第二十八回）

以虚语搪塞人曰支吾，本作枝梧。（卷一）

14. 欺负：欺凌，压迫。

宝玉很会欺负你妹妹。（第二十八回）

侵凌曰欺负。（卷一）

15. 害羞：感到不好意思；难为情。

便扯上蕙也有夫妻，好不害羞！（第六十二回）

惭耻曰害羞。（卷一）

16. 平白：凭空，无缘无故。

告诉不得你，平白的又讨了个没趣儿。（第二十四回）

无端曰平白。（卷一）

17. 站：直立，直着身体，两脚着地。

口里说话，眼睛瞧那丫头还站在那里。（第二十四回）

久立曰站。（卷二）

18. 躲：躲避，隐藏。

那丫头见了贾芸，便抽身躲了过去。（第二十四回）

藏僻曰躲，亦曰闪。（卷二）

19. 闪：躲避，隐藏。

可巧你从那里来了，我一闪，你也没看见。（第四十六回）

藏僻曰躲，亦曰闪。（卷二）

20. 溜：偷偷地走，悄悄地走。

贾珍得便就要一溜，尤三姐那里肯放。（第六十五回）

潜逃曰溜。（卷二）

21. 等：等候，等待。

这人一年不来，他等一年；十年不来，等十年。（第六十六回）

守候曰等。（卷二）

22. 扒：将物体分开。

忽见芳官走来，扒着院门，笑向厨房中柳家媳妇说道……（第六十回）

以手擘物曰扒。（卷二）

23. 抬：举，往上托。

黛玉坐在床上，一面抬手整理鬓发，一面笑向宝玉道……（第二十六回）

高举曰抬。（卷二）

24. 拉：邀约。

只怕宝林两个不肯来，须得我们请去，死活拉他来。（第六十三回）

邀人同行曰拉。（卷二）

25. 拐：拐骗。

如今把我姐姐拐了来做二房。（第六十五回）

骗人曰拐。（卷二）

26. 扛：以肩荷物。

难为他扛了那些沉东西来，晚了就住一夜明儿再去。（第三十九回）

担荷曰扛。（卷二）

27. 挨：靠近，依傍。

王夫人再四携他上炕，他方挨王夫人坐了。（第三回）

强进曰挨，相近亦曰挨。（卷二）

28. 捎：捎带，顺带。

正在厅上干转，怎得个人往里头去捎信，偏生没个人。（第三十三回）

携带曰捎。（卷二）

29. 擦：物与物相摩擦。

宝玉也不理他，忙忙的要过青盐擦了牙，漱了口。（第二十一回）

来往相摩曰擦。（卷二）

30. 揪：抓，扭。

贾琏忙揪住湘莲，命人捆了送官。（第六十七回）

手敛物曰揪。（卷二）

31. 摔：把东西用力往地上扔。

摘下那玉，就狠命摔去。（第三回）

弃物于地曰摔。(卷二)

32. 撒：放开，张开。

宝玉将手一撒，与他看。(第二十六回)

放手曰撒。(卷二)

33. 攥：握，抓。

翠缕听了，忙赶上拾在手里攥着。(第三十一回)

手把曰攥。(卷二)

34. 挤：排挤。

使你们做这圈套，要挤我出去。(第六十八回)

推排曰挤。(卷二)

35. 戳：刺，用尖端触击。

彩霞咬着嘴唇，向贾环头上戳了一指头。(第二十五回)

击刺曰戳。(卷二)

36. 搓：揉搓。

香菱——的写了，搓成阄儿，掷在一个瓶中间。(第六十二回)

两手转物曰搓。(卷二)

37. 掐：用指甲按或切入。

得空便拧他一下，或掐他一下。(第二十五回)

爪按曰掐。(卷二)

38. 打：殴打。

等过了事，我告诉管事的打他个臭死。(第七十一回)

击人曰打。(卷二)

39. 抓：用手掌打人。

便夺手要去抓打宝玉秦钟。(第九回)

以掌击人曰搧、曰抓。(卷二)

40. 摆：排列，安放。

不多一时，摆上了饭。(第十一回)

陈列曰摆。(卷二)

41. 安：安放。

见王夫人来了，方安设桌椅。(第三回)

放置曰安。（卷二）

42. 靠：倚靠。

困了枕着他睡，乏了靠着他坐。（第四十一回）

依附曰靠。（卷二）

43. 驮：牲口负物。

我往你坟上替你驮一辈子的碑去。（第二十三回）

负物曰驮。（卷二）

44. 沏：用开水冲、泡。

该沏些个普洱茶吃。（第六十三回）

泡茶曰沏。（卷二）

45. 舀：用瓢、勺等取物。

听得这话，促人来舀了面汤，催宝玉起来盥漱。（第七十七回）

以勺取水曰舀。（卷二）

46. 晾：置物于太阳下或通风处，使之干燥。

见麝月正在海棠下晾手巾。（第五十九回）

微晒曰晾。（卷二）

47. 羼：错乱掺杂。

他父亲又不肯回原籍来，只在都中城外和道士们胡羼。（第二回）

物淆合曰羼。（卷二）

48. 赔：亏蚀，耗损。

这一二年倒赔了许多，不和你们要，找谁去！（第五十九回）

失利曰赔。（卷二）

49. 赊：买物延期交款。

至晚间果抬了一副好板进来，价银五百两赊着，连夜赶造。（第六十九回）

买物不即时给值曰赊。（卷二）

50. 赁：租赁。

东西二院，荣府便赁了东院，北静王府便赁了西院。（第五十八回）

出钱借物曰赁。（卷二）

51. 雇：买劳动力。

周瑞家的命雇的小丫头倒上茶来吃着。(第六回)

佣工曰雇。(卷二)

52. 付：给予，交给。

彩云听说，去了半日，果然拿了两瓶来，付与袭人。(第三十四回)

手持物以对人曰付。(卷二)

53. 够：足够。

等不够再要，再来取也是一样。(第三十四回)

满足曰够。(卷二)

54. 丢：丢失。

谁知镯子褪了口，丢在草根底下，雪深了没看见。(第五十二回)

失物曰丢，抛亦曰丢。(卷二)

55. 赖：诬赖。

前儿你到底烧什么纸？被我姨妈看见了，要告你没告成，倒被宝玉赖了他一大些不是。(第五十九回)

诬人曰赖，欺人亦曰赖。(卷二)

56. 亏：多亏。

还是亏了平儿，时常背着凤姐，看他这般，与他排解排解。(第六十九回)

得力曰亏。(卷二)

57. 抄：抄写。

我纵抄去，恐世人不爱看呢。(第一回)

写录曰抄，遮取亦曰抄。(卷二)

58. 诌：信口胡言，信口编造。

宝玉见问，便忍着笑顺口诌道……(第十九回)

胡说曰诌。(卷二)

59. 吵：声音嘈杂扰人。

我们娘儿们正说的兴头，又要吵起来。(第五十四回)

喧哓曰吵。(卷二)

60. 唠：说话写文章啰唆、不简洁。

这位奶奶那里吃了一杯来了，唠三叨四的。（第六十三回）

多言曰唠。（卷二）

61. 鬼：狡黠，机灵。

凤丫头仗着鬼聪明儿，还离脚踪儿不远。（第七十一回）

狡黠曰鬼。（卷二）

62. 俏：容态美好轻盈。

俏丫鬟抱屈夭风流　美优伶斩情归水月（第七十七回）

妇容美好曰俏。（卷二）

63. 傻：头脑蠢笨，不谙事理。

人人只说我傻，你比我更傻。（第五十七回）

不慧曰傻。（卷二）

64. 堵：堵塞。

大家把沟堵了，水积在院内。（第三十回）

填塞曰堵。（卷三）

65. 抠：挖。

手里拿着根绾头的簪子在地下抠土。（第三十回）

剜刻曰抠。（卷三）

66. 剁：砍。

那一个耍的猴儿不是剁了尾巴去的？（第五十七回）

斫到曰剁。（卷三）

67. 锹：一种掘土器。用熟铁或钢打成片状，前一半略呈圆形而稍尖，后一半末端安有长木把。

宝玉一见了锹、镢、锄、犁等物，皆以为奇。（第十五回）

插地起土器曰鍫。……亦书作锹。（卷三）

68. 拐：拐杖。

宝玉便也正要去瞧林黛玉，便起身拄拐辞了他们。（第五十八回）

杖曰拐。（卷三）

69. 石：计算容量的单位。十斗为一石。

御田脂胭米二石。（第五十三回）

第三章 《红楼梦》与京津冀清代方言著作方言词的关系

石读为担，凡官府粮册及民间谷米帐皆以石。（卷三）

70. 炕：北方人用土坯或砖头砌成的一种床。底下有洞，可以生火取暖。

这边横头排插之后小炕上，也铺了皮褥。（第五十三回）

暖床曰炕。（卷三）

71. 闩：门关上后，横插在门内使门推不开的木棍或铁棍。

只见角门虚掩，犹未上闩。（第七十一回）

关门机曰栓，俗作闩。（卷三）

72. 掩：关闭，合上。

只见角门虚掩，犹未上闩。（第七十一回）

关门曰掩。（卷三）

73. 胡同：元人呼街巷为胡同，后即为北方街巷的通称。

他是东胡同里璜大奶奶的侄儿。（第九回）

巷道曰衕衕。……俗省作胡同。（卷三）

74. 搭：架设。

走不多时，路旁彩棚高搭，设席张筵，和音奏乐，俱是各家路祭。（第十四回）

架棚曰搭。（卷三）

75. 钉：用钉子等把东西固定起来。

有五根针钉在心窝并四肢骨节等处。（第八十回）

以钉钉物曰钉。（卷三）

76. 镯：套在手腕或脚腕上的环形装饰品。

我知道这镯子的去向。（第四十九回）

臂钏曰镯。（卷三）

77. 瞧：看。

命素云瞧有什么新鲜点心拣了来。（第七十五回）

看视曰瞧。（卷四）

78. 瞅：看，望。

宝玉听了，忙把湘云瞅了一眼，使个眼色。（第二十二回）

闷视曰瞅。（卷四）

79. 漱：含水洗荡口腔。

向案上斟了茶来，给袭人漱了口。（第三十一回）

口吸物曰漱。（卷四）

80. 呸：表示斥责或鄙薄的声音。

呸！没见世面的小蹄子！（第三十七回）

唾人曰呸。（卷四）

81. 舔：以舌触物或取食。

贾蓉用舌头都舔着吃了。（第六十三回）

以舌取物曰舔。（卷四）

82. 跐：踏，踩。

凤姐把袖子挽了挽，跐着那角门的门槛子。（第三十六回）

足所踏曰跐。（卷四）

83. 乏：疲倦，无力。

我也乏了，明儿再撕罢。（第三十一回）

疲困曰疺。（卷四）

84. 蛋：禽类或龟、蛇等所产的卵。

凤姐儿偏拣了一碗鸽子蛋放在刘姥姥桌上。（第四十回）

禽卵曰蛋。（卷四）

85. 亲家：两家儿女相婚配的亲戚关系。

咱们家的规矩你是尽知的，从没有两亲家争礼争面的。（第五十七回）

姻家为亲家，亲去声。（卷四）

86. 丫头：婢女。

便怕人闲话，你打发小丫头悄悄的和我说去说是了。（第五十七回）

婢女曰丫头。（卷四）

87. 无赖：游手好闲，刁滑强横的人。

只说张华无赖，以穷讹诈，状子也不收，打了一顿赶出来。（第六十九回）

人不务正业曰无赖。（卷四）

88. 崽子：詈词。

这秦钟小崽子是贾门的亲戚，难道荣儿不是贾门的亲戚？（第十回）

詈人幼小曰崽子。（卷四）

89. 盘缠：旅途费用，路费。

不如给他们几两银子盘缠，各自去罢。（第五十八回）

资斧曰盘缠。（卷四）

90. 梯己：私人积蓄。

可以使不着官中的钱，老太太自有梯己拿出来。（第五十五回）

私利曰梯己。（卷四）

91. 玩：玩耍。

见宝玉和一群丫头在那里玩呢。（第十一回）

嬉游曰玩。（卷四）

92. 逛：闲游。

院子里花儿也不浇了，雀儿也不喂，茶炉子也不拢，就在外头逛。（第二十七回）

闲游曰逛。（卷四）

93. 漆黑：颜色极黑。

先就看见宝钗坐在炕上作针线，头上绾着漆黑油光的纂儿。（第八回）

黑甚曰漆黑。（卷四）

94. 通红：很红，十分红。

登时羞的脸通红。（第三十二回）

纯红曰通红。（卷四）

95. 馊：饭菜经久而变质，发出酸臭味。

前儿要吃豆腐，你弄了些馊的。（第六十一回）

饭坏为馊。（卷四）

96. 一宗：表数量。一桩，一件。

不如问他们谁领这一分的，他就揽一宗事去。（第五十六回）

一事曰一宗。（卷四）

97. 一顿：表数量。用于吃饭、打骂、说话等，犹言一次，一回。

宝玉如今一顿吃多少饭？（第十九回）

一食曰一顿。（卷四）

98. 什么：疑问代词，表示询问。

你拿什么谢我呢？（第二十七回）

不知而问曰拾没，俗讹为什么。（卷四）

99. 这个：指示代词，这一个。

这个妹妹我曾见过的。（第六回）

称此个曰这个，本当作者个。（卷四）

100. 咱们：我们。

咱们且忙忙收拾房屋，岂不使人见怪？（第四回）

称自己曰咱们。（卷四）

101. 我们、你们：包括自己在内的若干人、包括对方在内的若干人。

知道的呢，说你们弃厌我们，不肯常来。（第六回）

彼此相谓曰我们、你们。（卷四）

102. 不中用：无用。

若吃寻常药，是不中用的。（第七回）

无用曰不中用。（卷四）

103. 可怜见：指值得怜悯。

好个鬼头孩子，可怜见的。（第五十三回）

哀恤人曰可怜见。（卷四）

104. 人情：指应酬，交际往来。

拿着太太不心疼的钱，乐的做人情。（第五十五回）

庆吊以钱物往来曰人情，或曰人事。（卷四）

105. 东西：泛指各种事物。

偏了我们新鲜东西了。（第二十六回）

泛称某物曰东西。（卷四）

二 词形不同

所用方言本字不同。

1. 苗条/媌条：形容妇女身材细长，婀娜多姿。

身量苗条，体格风骚。(第三回)

长曰媌条。(卷一)

2. 罗唆/啰嗦：说话絮叨。

罗唆什么，过来，我瞧瞧罢。(第八回)

言事不直捷曰啰嗦。(卷一)

3. 耽误/耽悮：拖延贻误。

明日咱们对查了出来大家看看，这会子别耽误工夫。(第七十六回)

悮曰耽悮。(卷一)

4. 奚落/谡落：讥诮。

宝玉听这话，知是黛玉借此奚落他。(第八回)

辱詈曰谡落。(卷一)

5. 糟蹋/遭獭：浪费，损坏。

只拿两瓶来罢，多了也白糟蹋。(第三十四回)

被侵渔曰遭獭。(卷一)

6. 央求/訣求：恳求。

周瑞家的忙跪下央求。(第四十五回)

托人曰訣求。(卷一)

7. 撕/斯：用手使薄片状的东西裂开或离开附着处。

既这么说，你就拿了扇子来我撕。(第三十一回)

以手析物曰斯。(卷二)

8. 搁/阁：放置。

这些东西都搁在东楼上的不知那个箱子里，还得慢慢找去。(第四十回)

庋藏曰阁。(卷二)

9. 挖/㧎：掘。

因祝妈正来挖笋修竿，便怔怔的走出来。（第五十七回）

手探穴曰㧎。（卷二）

10. 拌/扮：搅和，调匀。

将香油一收，外加糟油一拌，盛在瓷罐子里封严。（第四十一回）

以物相和合曰扮。（卷二）

11. 攒/儧：积聚，积蓄。

我还有攒下的几吊钱也给他罢。（第七十一回）

小有积蓄曰儧。（卷二）

12. 犟/謽：固执。

千万别想着怕我没脸，和他一犟，就不好了。（第五十五回）

词不屈曰謽。（卷二）

13. 很/哏：非常。

我才告诉了柳嫂子，他倒喜欢的很。（第六十三回）

甚曰哏。（卷二）

14. 筷/快：筷子。

单拿一双老年四楞象牙镶金的筷子与刘姥姥。（第四十回）

箸曰快。（卷三）

15. 家伙/家火：器具。

一面又搬取家伙：桌围、椅搭、坐褥、毡席、痰盒、脚踏之类。（第十四回）

物件曰家火。（卷三）

16. 桌/棹：桌子。

这些院落房宇并几案桌椅都算有了。（第十七回）

几案曰棹。（卷三）

17. 扣/釦：扣子。

一面说，一面解了排扣。（第八回）

衣纽曰釦。（卷三）

18. 备/鞴：指装备车马，把鞍辔等套在马上。

忙命备马，躲往别处去了。（第六十八回）

马加鞍辔曰鞴。（卷三）

19. 账/帐：银钱货物出入的记载。亦指记账的书册。

在我的账上来领银子。（第三十五回）

计簿曰帐。（卷三）

20. 脑袋/脑带：头。

若小的不尽心，除非不要这脑袋了。（第六十五回）

头曰脑带。（卷四）

21. 躺/踢：平卧，睡。

于是赶忙将衣服首饰穿带齐整，上炕躺下了。（第六十九回）

卧曰踢。（卷四）

22. 爬/跁：人或动物伏地慢行。

刘姥姥已爬了起来，自己也笑了。（第四十回）

匍匐曰跁。（卷四）

23. 酸/痠：人身肌肉过度疲劳或因病引起的酸痛无力的感觉。

因说半日腿酸，未尝歇息。（第十七回）

身体疼曰痠。（卷四）

24. 伙计/夥计：旧指店员或其他雇佣劳动者。

因有各铺面伙计内有算年账要回家的，少不得家内治酒饯行。（第四十八回）

俗谓同资本合谋商贩者曰夥计。（卷四）

25. 一棵/一科：表数量。用于称数植物。

每一棵树上，每一枝花上，都系了这些物事。（第二十七回）

一株曰一科。（卷四）

三 共有方言词的分析

前面两种类型，第一种类型有105条、106个词，第二种类型有25条、25个词，合计131个方言词。两种著作共有的方言词数量比较大，原因之一是《燕说》所记的方言词是史梦兰家乡方言使用的词，而不全是方言词，例如"打、玩、拉、抬、赁、雇、丢"等众多动词，通用语也使用。

下面再从两个角度对共有方言词进行分析。

(一) 语法分类

从语法角度看，共有方言词分别属于词、熟语和短语。

1. 属于词的有：伶俐、标致、絮叨、腌臜、咕哝、张罗、将养、打扮、腾挪、窟窿、抱怨、卖弄、支吾、欺负、害羞、平白、站、躲、闪、溜、等、扒、抬、拉、拐、扛、挨、捎、擦、揪、摔、撒、攥、挤、戳、搓、掐、打、抓、摆、安、靠、驮、沏、舀、晾、犀、赔、赊、赁、雇、付、够、丢、赖、亏、抄、诌、吵、唠、鬼、俏、傻、堵、抠、剁、锹、拐、石、炕、闩、掩、胡同、搭、钉、镯、瞧、瞅、漱、咂、舔、趿、乏、蛋、亲家、丫头、无赖、崽子、盘缠、梯己、玩、逛、漆黑、通红、馊、什么、这个、咱们、我们、你们、人情、东西、苗条/媌条、啰唆/啰嗦、耽误/耽悮、奚落/謑落、央求、訣求、账/帐、糟蹋/遭獭、撕/斯、搁/阁、挖/㧟、拌/扮、攒/儹、犟/譬、很/哏、筷/快、家伙/家火、桌/棹、扣/钮、备/鞴、脑袋/脑带、躺/踢、爬/扒、酸/瘦、伙计/夥计。

(1) 从词的音节数量上看，有单音词和复音词，没有多音词。

单音词：站、躲、闪、溜、等、扒、抬、拉、唠、拐、扛、挨、捎、擦、揪、摔、撒、攥、挤、戳、搓、掐、打、抓、摆、安、靠、驮、沏、舀、晾、犀、赔、赊、赁、雇、付、够、丢、赖、亏、抄、诌、吵、唠、鬼、俏、傻、堵、抠、剁、锹、拐、石、炕、闩、掩、搭、钉、镯、瞧、瞅、漱、咂、舔、趿、乏、蛋、玩、逛、馊、账/帐、撕/斯、搁/阁、挖/㧟、拌/扮、攒/儹、犟/譬、很/哏、筷/快、桌/棹、扣/钮、备/鞴、躺/踢、爬/扒、酸/瘦。

复音词：伶俐、标致、絮叨、腌臜、咕哝、张罗、将养、打扮、腾挪、窟窿、抱怨、卖弄、支吾、欺负、害羞、平白、胡同、亲家、丫头、无赖、崽子、盘缠、梯己、漆黑、通红、什么、这个、咱们、我们、你们、人情、东西、苗条/媌条、啰唆/啰嗦、耽误/耽悮、奚落/謑落、央求/訣求、糟蹋/遭獭、家伙/家火、脑袋/脑带、伙计/夥计。

(2) 从词的结构上看，有单纯词和合成词，其中单纯词又分为单音单纯词、叠音词和联绵词，合成词又分为复合词、重叠词和派生词，以上各类，复合词的数量最多。

单音单纯词：站、躲、闪、溜、等、扒、抬、拉、唠、拐、扛、挨、捎、擦、揪、摔、撒、攥、挤、戳、搓、掐、打、抓、摆、安、靠、驮、沏、舀、晾、羼、赔、赊、赁、雇、付、够、丢、赖、亏、抄、刍、吵、唠、鬼、俏、傻、堵、抠、剎、锹、拐、石、炕、闩、掩、搭、钉、镯、瞧、瞅、漱、吥、舔、趿、乏、蛋、玩、逛、馊、账/帐、撕/斯、搁/阁、挖/㞦、拌/扮、攒/儹、犟/謽、很/哏、筷/快、桌/棹、扣/釦、备/鞴、躺/躢、爬/玐、酸/痠。

联绵词：伶俐、腌臜、咕哝、窟窿、支吾、胡同、罗唆/啰嗦。

复合词：标致、絮叨、张罗、将养、打扮、腾挪、抱怨、卖弄、欺负、害羞、平白、亲家、无赖、盘缠、梯己、漆黑、通红、这个、咱们、我们、你们、人情、东西、苗条/媌条、耽误/耽悮、奚落、謑落、央求、诀求、糟蹋、遭獭、家伙/家火、脑袋/脑带、伙计/夥计。

派生词：丫头、崽子、什么。

（3）从词类上看，有名词、动词、形容词、代词、量词和副词，动词数量最多，量词和副词都只有一个。

名词：窟窿、炕、闩、胡同、镯、蛋、亲家、丫头、无赖、崽子、盘缠、人情、东西、账/帐、筷/快、家伙/家火、桌/棹、扣/釦、脑袋/脑带、伙计/夥计。

动词：絮叨、咕哝、张罗、将养、打扮、腾挪、抱怨、卖弄、支吾、欺负、站、躲、闪、溜、等、扒、抬、拉、唠、拐、扛、挨、捎、擦、揪、摔、撒、攥、挤、戳、搓、掐、打、抓、摆、安、靠、驮、沏、舀、晾、羼、赔、赊、赁、雇、付、够、丢、赖、亏、抄、刍、吵、唠、堵、抠、剎、锹、拐、掩、搭、钉、瞧、瞅、漱、吥、舔、趿、乏、馊、罗唆/啰嗦、耽误/耽悮、奚落/謑落、央求/诀求、糟蹋/遭獭、撕/斯、搁/阁、挖/㞦、拌/扮、攒/儹、备/鞴、躺/躢、爬/玐。

形容词：伶俐、标致、腌臜、害羞、平白、鬼、俏、傻、梯己、玩、逛、漆黑、通红、苗条/媌条、犟/謽、酸/痠。

代词：什么、这个、咱们、我们、你们。

量词：石。

副词：很/哏。

2. 属于熟语的有：可怜见、不中用。都是惯用语。

3. 属于短语的有：一宗、一顿、一棵/一科。都是数量短语。

（二）语义类别

在语义类别上，突出的是身体动作词，有：站、躲、闪、溜、等、扒、抬、拉、扛、挨、捎、擦、揪、摔、撒、攥、挤、戳、搓、掐、打、抓、摆、安、抄、冱、吵、唠、瞧、瞅、漱、呸、舔、趾、撕/斯、挖/亿、躺、踢、爬/扒。

第二节 《红楼梦》与《吴下方言考》共有的方言词

已有著作对《吴下方言考》进行研究，例如黄敏《〈吴下方言考〉略述》[①]、沈伟《〈吴下方言考〉研究》[②]，可作参考。

需要排除同形异义词，例如"窟窿"，在《红楼梦》中指孔、洞，第六十二回："倘或那孔雀褂子再烧个窟窿，你去了谁可会补呢。"而《吴下方言考》卷一："吴人谓深洞曰窟窿。"指很深的洞穴，词义不同，不是二者共有的方言词。

《红楼梦》早于《吴下方言考》，先列《红楼梦》例句，标上所出现的回数，再列《吴下方言考》词条。方言词按其在《吴下方言考》中的顺序排列。

一 完全相同

1. 顶缸：比喻代人受过或承担责任。

你竟是个平白无辜之人，拿你来顶缸。（第六十一回）

吴中谓代人受罪过曰顶缸。（卷二）

[①] 黄敏：《〈吴下方言考〉略述》，《辞书研究》1984 年第 2 期。
[②] 沈伟：《〈吴下方言考〉研究》，硕士学位论文，南京师范大学，2014 年。

2. 看：守护，看守。

鸳鸯与玉钏儿皆不随去，只看屋子。（第五十九回）

吴中谓守物曰看。（卷五）

3. 寒毛：人体皮肤上的细毛。

你老拔根寒毛比我们的腰还粗呢！（第六回）

吴中谓人身毫毛曰寒毛。（卷五）

4. 丢：扔。

凡箱柜所有的菜蔬，只管丢出来喂狗。（第六十一回）

吴中谓掷却为丢。北方以失物为丢。（卷六）

5. 馊：饭菜经久而变质，发出酸臭味。

前儿要吃豆腐，你弄了些馊的。（第六十一回）

吴中谓宿食酸气者曰馊。（卷六）

6. 飕飕：阴冷貌。

冷飕飕，明亮亮，如两痕秋水一般。（第六十六回）

吴中谓寒曰寒飕飕，亦曰冷飕飕。（卷六）

7. 摆：安放。

把果子摆在里间小炕上。（第七回）

摆：摆设也。（卷七）

8. 舀：用瓢、勺等取物。

别理他，你先给我舀水去罢。（第二十六回）

吴俗谓以瓢取水曰舀水。（卷七）

9. 雇：买劳动力。

第三日一早出去，雇了两个人收拾好了。（第四十七回）

雇：以财倩人作工也。（卷八）

10. 喷香：香气浓郁。

果然比先的带些红色，闻闻也是喷香。（第六十回）

吴中谓物之香甚者曰喷香。（卷九）

11. 散诞：逍遥自在。

姑娘惟有背地里淌眼抹泪的，只要接了来家散诞两日。（第八十回）

吴中谓不拘束为散诞。（卷九）

二　词形不同

所用方言本字不同。

1. 叮当/丁当：形容玉石、金属、瓷器等撞击的声音。

忽听环佩叮当，尤三姐从外而入。（第六十七回）

丁当：玉佩声也。（卷二）

2. 含糊/唅唔：形容声音、言语或意思等不清晰、不明确。

宝玉已醒了，问起原故，袭人且含糊答应，至夜间人静，袭人方告诉。（第三十六回）

唅唔，不分明也。今谚谓语不分明曰唅唔。（卷三）

3. 哈哈/呀呀：大笑声。

众人撑不住都哈哈的大笑起来。（第三十八回）

呀（自注：音哈）：……谚谓大笑声曰呀呀。（卷四）

4. 稀罕/希旰：希奇的事物。

时常说起来都当稀罕，恨不能一见，今儿可尽力瞧了再瞧。（第十九回回）

吴中以难得之物为希旰。（卷五）

5. 唠叨/唠刀：谓说话写文章啰唆、不简洁。

如今他们见咱们挤在一处，又该唠叨了。（第五十二回）

吴中厌恶絮言曰唠刀。（卷五）

6. 烫/汤：将物体放在开水或热水中加温。

再烫热酒来！（第八回）

汤（自注：去声）：……吴中谓热酒为汤酒。（卷八）

7. 逛/矌：闲游。

也不想逛了这半日，老太太必悬挂着。（第十七回）

今谚通谓游玩为矌。（卷八）

8. 吊/盉：一种带柄有嘴的小壶。

宝玉命把煎药的银吊子找了出来，就命在火盆上煎。（第五十一回）

案：盄，盌类也，吴中曰盄，如茶盄、药盄之类。（卷九）

三 共有方言词的分析

前面两类相加，共有19个相同的方言词，其中词形不同的方言有8个，这是由于使用方言本字不同造成的。《吴下方言考》与《燕说》一样，重在考证方言词的本字，所以很多词用出现得比较早的字记录。

下面再从两个角度对共有方言词进行分析。

（一）语法分类

从语法角度看，都是词，没有熟语和短语。

1. 从词的音节数量上看，有单音词和复音词，没有多音词。

单音词：看、丢、馊、摆、舀、雇、烫/汤、逛/矌、吊/盄。

复音词：顶缸、寒毛、飔飔、喷香、散诞、叮当/丁当、含糊/啕唿、哈哈/呀呀、稀罕/希旱、唠叨/唠刀。

2. 从词的结构上看，有单纯词和合成词，其中单纯词又分为单音单纯词和联绵词，合成词又分为复合词和重叠词派生词。

单音单纯词：看、丢、馊、摆、舀、雇、烫/汤、逛/矌、吊/盄。

联绵词：散诞、叮当/丁当、唠叨/唠刀、含糊/啕唿。

复合词：顶缸、寒毛、喷香、稀罕/希旱。

重叠词：飔飔、哈哈/呀呀。

3. 从词类上看，有名词

名词：寒毛、吊/盄

动词：顶缸、看、丢、摆、舀、雇、稀罕/希旱、唠叨/唠刀、烫/汤、逛/矌、

形容词：馊、喷香、散诞、含糊/啕唿。

拟声词：飔飔、叮当/丁当、哈哈/呀呀。

（二）语义类别

由于数量少，没有突出特点。

第三节　对比的结论

对比前两节的比较结果，可以得出以下结论。

1. 共有的方言词数量。《红楼梦》和《燕说》《吴下方言考》共有的方言词是：摆、舀、丢、逛、馊。这5个词既然北方、南方都有，可以看作是通用语词汇。

在第二章，"丫头"可以看作是通用语词汇，"标致、腌臜、打扮、窟窿、卖弄、欺负、不中用、苗条、家伙"是《红楼梦》与苏南地方志共有的方言词，因此，《红楼梦》与《燕说》共有的方言词数量还要减少11个，再减去南北共有的5个，共计115个。

在第二章，"唠叨"可以看作是通用语词汇，"稀罕"是《红楼梦》与京津冀地方志共有的方言词，因此，《红楼梦》与《吴下方言考》共有的方言词数量还要减少2个，再减去南北共有的5个，共计12个。

总之《燕说》全书600条俚语，与《红楼梦》相同的有115个方言词。《吴下方言考》全书993条方言词，与《红楼梦》相同的仅有12个。

2. 共有的方言词的特点。《红楼梦》与《吴下方言考》共有的方言词数量太少，特点不明显，致使《红楼梦》与《燕说》共有的方言词的特点也无从总结，只有个别词语具有非常明显的地域色彩，例如"炕"和"胡同"是北方特有的名物词。

总起来看，《红楼梦》与记录京津冀清代方言词的《燕说》关系更密切，与记录苏南清代方言词的《吴下方言考》关系很小。

第四章

《红楼梦》与京津冀清代小说方言词的关系

《儿女英雄传》刊行于光绪年间,"开创了地道的京味,不论是叙事语言还是人物语言,都写得鲜活,于俗白中见风趣,俏皮中传神韵"①。《儿女英雄传》的方言词可以看作小说中京津冀方言词的代表。

《海上花列传》于1892年开始连载,"是吴语小说的开山之作,人物对话纯用苏白。所有那些酒筵酬酢,鬓边絮语,乃至相调相侃,相讥相詈,无不声口妙肖,充分显示了吴侬软语的魅力"②。《海上花列传》的方言词可以看作小说中苏南方言词的代表。

把《红楼梦》与《儿女英雄传》《海上花列传》的方言词进行对比,用以探讨《红楼梦》与京津冀清代、苏南小说方言词的关系。

第一节 《红楼梦》与《儿女英雄传》共有的方言词

已经有众多著作对《儿女英雄传》的方言词进行研究,例如弥松颐《〈儿女英雄传〉语汇释》③、隋文昭《校注本〈儿女英雄传〉注释商略》④、龚千炎《〈儿女英雄传〉虚词例汇》⑤、高纯《〈儿女英雄传〉中的北京方言词语研究》⑥、杜春燕《〈儿女英雄传〉俗语词研

---

① 袁行霈主编:《中国文学史》(第四卷),高等教育出版社1999年版,第466页。
② 同上书,第470页。
③ 弥松颐:《〈儿女英雄传〉语汇释》,《中国语文》1981年第5期。
④ 隋文昭:《校注本〈儿女英雄传〉注释商略》,《中国语文》1986年第6期。
⑤ 龚千炎:《〈儿女英雄传〉虚词例汇》,语文出版社1994年版。
⑥ 高纯:《〈儿女英雄传〉中的北京方言词研究》,硕士学位论文,南京师范大学,2007年

究》①，等等。我们以高纯的硕士论文为主要参考，对比《红楼梦》与《儿女英雄传》方言词的关系。

经过对比，《红楼梦》与《儿女英雄传》共有的方言词有两种类型，一是完全相同，二是词形有差异，古代的方言词缺乏统一的词形标准，导致不同记录所记的词形不同。

在确定两种著作的方言词是否是同一个词的时候，还要排除以下三种类型：第一种类型是同一个词在《儿女英雄传》里是方言词，而在《红楼梦》里不是，例如"外话"，《红楼梦》第四十二回："休说外话，咱们都是自己，我才这样。"这里外话指见外的话，是本义，不是方言词。《儿女英雄传》第三十回："何小姐这段交代，照市井上外话说，这就叫'把朋友码在那儿'了。"这里外话指流行语，是方言词。第二种类型是《红楼梦》和《儿女英雄传》用了同一概念的不同名称，例如"稀罕/希希罕儿"，《红楼梦》第十六回："我的东西还没处撂呢，稀罕你们鬼鬼祟祟的？"《儿女英雄传》第二十八回："倘然这些女眷们不论那一时、那个人提起来，都拉住手要瞧瞧希希罕儿，那时我却把个'有诗为证'的东西，弄到'流水落花春去也，天上人间'了。"第三种类型是把熟语拆开成为俗语，只有一例，"扎筏子/扎了个筏子"，《红楼梦》第六十回："如今三姑娘正要拿人扎筏子呢，连他屋里的事都驳了两三件。"《儿女英雄传》第二十八回："他一眼看见了褚一官，便拿他扎了个筏子。"

《红楼梦》早于《儿女英雄传》，先列《红楼梦》的例句，在例句出现的回数之前加"红"以示区分，再列《儿女英雄传》的例句，直接标例句出现的回数。方言词按音序排列。

一　完全相同

1. 腌臜：脏，不干净。

破衲芒鞋无住迹，腌臜更有满头疮。（红第二十五回）

如今看了看那木盆，实在腌臜，自己又不耐烦再去拿那脸盆饭碗的

---

①　杜春燕：《〈儿女英雄传〉俗语词研究》，硕士学位论文，华中师范大学，2011年。

这些东西。(第四回)

2. 碍着：受某事妨碍。

他这件官司并无难断之处，皆因都碍着情分面上，所以如此。(红第四回)

那时我一把无名业火从脚跟下直透顶门，只是碍着众亲友不好动粗。(第十五回)

3. 湃：用冰或冷水镇物使冷。

才刚鸳鸯送了好些果子来，都湃在那水晶缸里呢。(红第三十一回)

那老头儿把那将及二尺长的白胡子放在凉水里湃了又湃，汕了又汕。(第十六回)

4. 不值什么：不值一提。

这不值什么，拿五百钱出去给小子们，管拉一车来。(红第二十七回)

这件事不值什么，家里有我呢。(第四十回)

5. 不自在：不舒服。

人家正心里不自在，你还奚落他。(红第二十三回)

我那等的嘱咐你们，说我这几天有些心事，心里不自在。(第十五回)

6. 吃食：指食物。

一面又将各色吃食拣了，命人送与薛姨妈去。(红第六十二回)

太太把老爷的衣帽、铺盖、吃食等件打点清楚。(第一回)

7. 绰：抓。

湘云便绰起骰子来一掷个九点，数去该麝月。(红第六十三回)

只把身子一蹲，伸手向上一绰，早把那支镖绰在手里。(第十五回)

8. 出息：犹出挑，长进。

芹儿倒大大的出息了，这件事竟交与他去管办。(红第二十三回)

谁知他挨了这顿打，竟大有出息了，不赚钱，不撒谎，竟可以当个人使唤了。(第二十二回)

9. 凑趣：投合别人的兴趣，使人高兴。

周瑞家的也笑着凑趣儿。（红第七十四回）

褚一官倒也会凑趣儿，爬下就磕。（第三十二回）

10. 撺掇：怂恿。

便是各人的主子懒怠去，他也百般撺掇了去。（红第二十九回）

骡夫一听，正中下怀，便一力的撺掇公子快走。（第五回）

11. 搭着：连带。

又搭着他老子逼着他念书，生生的把个孩子逼出病来了。（红第二十九回）

却说姑娘因是拜过堂的，安太太便不教他一定在床里坐，也搭着姑娘不会盘腿儿，床里边儿坐不惯，只在床沿上坐着。（第二十八回）

12. 打扮：使容貌和衣着好看。

这个人打扮与众姑娘不同。（红第三回）

见他年纪约莫五十余岁，是个乡下打扮。（第七回）

13. 打点：收拾，整理。

我才已将他素日所有的衣裳以至各什各物总打点下了，都放在那里。（红第七十七回）

你此时忙着打点这些东西作什么？（第一回）

14. 打横：围着方桌入座时坐在横边。

西边一桌，宝钗黛玉湘云迎春惜春，一面又拉了香菱玉钏儿二人打横。（红第六十二回）

当下安老爷同邓九公对面坐下，叫公子同褚一官上面打横，褚大娘子也在下面坐了。（第十六回）

15. 打饥荒：谓应付困难，解决问题。

到有了钱的时节，你就丢在脖子后头，谁去和你打饥荒去。（红第七十二回）

等他晚上果然来的时候，我们店里就好合他打饥荒了。（第五回）

16. 大发：超过了适当的限度，过度。

琴姑娘罢了，他在大奶奶屋里，叨登的大发了。（红第六十三回）

列位呀！照这话听起来，你我都错了，错大发了！（第二十一回）

17. 歹毒：阴险毒辣。

提起我们奶奶来，心里歹毒，口里尖快。（红第六十五回）

你瞧他歹毒不歹毒！（第七回）

18. 淡话：不相干的话，无谓的话。

你只教导他，说这些淡话作什么！（红第二十回）

我开口第一句，可便是这句话，他绝不肯说到报仇原由，一定的用淡话支吾。（第十六回）

19. 叨叨：话多，啰唆。

这会子还叨叨，难道还叫我替你跪下才罢？（红第四十四回）

又要那样说评书的似的合你叨叨了那半天，是为什么？（第十九回）

20. 倒座：四合院中与正房相对的房屋。

南边是倒座三间小小的抱厦厅。（红第三回）

我两个便退避三舍，搬到那三间南倒座去同住。（第三十回）

21. 战敠：忖度。

凤姐儿冷眼战敠岫烟心性为人，竟不象邢夫人及他的父母一样。（红第四十九回）

安公子当下便有些狐疑起来，心里战敠道……（第四回）

22. 吊猴：掉唇弄舌。

买了来家，三日两日，又入鬼吊猴的。（红第四十六回）

这要有个吊猴的，得了这话，还不够他们骂我的呢！（第三十三回）

23. 斗牌：玩纸牌、骨牌等比赛输赢。

老婆子们不中用，得空儿吃酒斗牌。（红第五十五回）

我要合亲家太太凑上人斗牌呢。（第二十九回）

24. 短：缺少。

如今三百员龙禁尉短了两员。（红第十三回）

有跑堂儿的呢，店里还怕短人使吗？（第四回）

25. 耳报神：暗中通风报信的人。

这又是谁的耳报神这么快。（红第七十一回）

遍地又都是他的耳报神，他岂有不知道之理？（第四十回）

26. 风光：光采，体面。

想是为丧礼上风光些。（红第十三回）

给你老爷子、老太太扬扬名，风光风光，好不好？（第二十八回）

27. 赶着：赶紧，使不误时。

赶着洗手炒了，狗颠儿似的亲捧了去。（红第六十一回）

前日我在上头遇见咱们旗的卜德成卜三爷，赶着给玉格提亲。（第二回）

28. 搁不住：禁受不住。

便是他们作，也得要东西，搁不住我不给对牌是难的。（红第十四回）

谅你们这几颗脑袋也搁不住这一刀！（第三十一回）

29. 孤拐：颧骨。

高高孤拐，大大的眼睛，最干净爽利的。（红第六十一回）

此刻只管往下瓜搭，那两个孤拐他自己会往上逗。（第二十七回）

30. 鼓捣：拨弄，反复摆弄。

一坛酒我们都鼓捣光了，一个个吃的把臊都丢了。（红第六十四回）

何小姐早到了堂屋里，把他失手扔的那根绳子拿在手里，却贴着西边第二扇槅扇蹲着，看他怎的鼓捣。（第三十一回）

31. 怪：很，非常。

看了半日，怪烦的，出来逛逛。（红第十九回）

我看你肥猪拱门的这片孝心，怪可怜见儿的。（第五回）

32. 果子：即馃子。泛指糖食糕点。

果子也不用摆，也不敢乱给东西吃。（红第十九回）

晌午还预备着果子呢。（第二十九回）

33. 过逾：过甚，过分。

剩下他妹妹跟着我，吃个双份子也不为过逾了。（红第三十六回）

你这也来得过逾贫了，怎么这句又来了呢？（第十八回）

34. 含含糊糊：形容声音、言语或意思等不清晰、不明确。

口里含含糊糊待说不说的。(红第三十一回)

我父亲把这事机密的了不得，不肯向人说，连我问着也是含含糊糊的。(第十四回)

35. 好生：用心，当心。

贾母命人好生哄着，歇一回再来。(红第五回)

你可好生的看着那包袱，等我把这门户给你关好，向各处打一照再来。(第六回)

36. 横三竖四：纵横杂乱貌。

只见外间床上横三竖四，都是丫头们睡觉。(红第三十六回)

沿街又横三竖四摆着许多笤帚、簸箕、掸子、毛扇儿等类的摊子、担子。(第三十八回)

37. 横竖：犹反正。表示肯定。

你只管剪，我横竖不带他，也没什么。(红第二十九回)

你娘儿们先不必急着问，横竖不出三日，一定叫你们见着十三妹。(第十四回)

38. 会子：一段不很长的时间。

请示下，就演罢还是再等一会子？(红第四十一回)

张太太也下了车，因脚压麻了，站了会子才一同进来。(第二十三回)

39. 饥荒：犹麻烦，纠纷。

天好早晚了，我们也去罢，别出不去城才是饥荒呢。(红第三十九回)

不过怕来个人儿闯见，闹饥荒。(第十五回)

40. 激：激发，激励。

不过我气急了，拿了话激你。(红第七十四回)

所以才商量着就借着问你为何不穿孝，用话激着你。(第十九回)

41. 家当：家产，产业。

若论这人小姐模样儿，聪明智慧，根基家当，倒也配的过。(红第二十九回)

若论这位英雄的家当，慢说三千金，就是三万金，他一时也还拿得

出来。(第九回)

42. 家去：回家。

那里的话，好好的，家去作什么！(红第二十六回)

你快家去罢，你们老奶奶子不济事儿咧！(第三回)

43. 夹道：指两壁间的狭窄小道。

带着众人，说笑出了夹道东门。(红第五十回)

止一条黑夹道子，从那间柴炭房北墙后面，直通到两间厨房的西北墙角那个门去。(第七回)

44. 家生子儿：旧称奴婢在主家所生的子女。

我又比不得是这里的家生子儿，一家子都在别处，独我一个人在这里。(红第十九回)

原来这赶露儿也是个家生子儿。(第三回)

45. 讲究：看重。

这些丫头们明知宝玉不讲究这些。(红第六十四回)

他料是讲究他，他益发慢条斯理，得意洋洋，俏摆春风，谈笑自若。(第二十八回)

46. 解闷儿：排除烦闷。

不如会个夜局，又坐了更，又解闷儿。(红第四十五回)

大姑娘，你要合他处长了，解闷儿着的呢。(第二十二回)

47. 精：甚，极。

再两年再一回省亲，只怕就精穷了。(红第五十三回)

一个是个高身量，生得浑身精瘦，约有三十来岁。(第五回)

48. 可惜了的：值得惋惜。

过了没半月，也看的马棚风一般了，我倒心里可惜了的。(红第十六回)

可惜了的菜，回来都冷了。(第二十一回)

49. 克化：消化。

昨日老太太赏的那枣泥馅的山药糕，我倒吃了两块，倒象克化的动似的。(红第十一回)

就是他老人家抡起那双拳头来，我可真吃不克化！(第十四回)

50. 款儿：规矩，架子。

今儿当着这些人，倒拿起主子的款儿来了。（红第四十四回）

你可切莫拿出你那外府州县衙门里的吹六房诈三班的款儿来。（第十七回）

51. 来着：助词。用在句末，表示曾经发生过什么事情。

二奶奶跟前你也这么没眼色来着？（红第五十五回）

你方才怎么劝我来着？（第十八回）

52. 狼犺：笨拙，笨重。

方无胎中之儿口有多大，怎得衔此狼犺蠢大之物等语之谤。（红第八回）

这三千金通共也不过二百来斤，怕不带去了！但是东西狼犺，路上走着也未免触眼。（第九回）

53. 劳动：多用为敬辞。犹言劳驾，多谢。

我还没看你去，那里还敢劳动来看我们。（红第七十二回）

这不好劳动舅爷呀！（第十五回）

54. 老道：犹老成，老练。

离了姨妈他就是个最老道的，见了姨妈他就撒娇儿。（红第五十七回）

他只管这等恪遵父命，只是才得二十岁的孩子，怎得能像安老爷那样老道？（第三十四回）

55. 累赘：形容文字繁复或语言啰唆。

太多了，底下只怕累赘呢。（红第七十八回）

不是我毛草，他那脾气性子，可真累赘！（第十六回）

56. 冷不防：预料不到，突然。

晴雯便冷不防欠身一把将他的手抓住，向枕边取了一丈青，向他手上乱戳。（红第五十二回）

二人冷不防吓了一跳，一看，见是个女子，便不在意。（第六回）

57. 撂：放，扔。

我的东西还没处撂呢，稀罕你们鬼鬼祟祟的？（红第十六回）

也亏他那敏快爽利，便把手里的手巾撂给跟的人，绷着个脸儿给安

老爷道了喜。(第三十五回)

  58. 难缠：不易应付。

  也不知是你怕我难缠，利钱重？(红第二十四回)

  他虽是难缠，却不蛮作。(第十六回)

  59. 牛心：喻性格执拗。

  众人见宝玉牛心，都怪他呆痴不改。(红第十七回)

  看不得咱们那个孩子，可有这种牛心的地方儿。(第二十三回)

  60. 扭股儿糖似的：形容撒娇或害羞时的扭捏情态。

  说的宝玉急了，拉凤姐儿，扭股儿糖似的只是厮缠。(红第二十二回)

  张太太又叫他给公子请安，白说了，这他扭股儿糖似的，可再也不肯上前儿咧。(第三十七回)

  61. 努嘴儿：翘起嘴唇，向人示意。

  见周瑞家的来了，便知有话回，因向内努嘴儿。(红第七回)

  张姑娘只合他母亲努嘴儿抬眼皮儿的使眼色。(第十回)

  62. 怄：使人生气、不愉快。

  看我病的这样，还来怄我。(红第五十五回)

  好妹妹，你今日可断不许怄我了！(第二十八回)

  63. 排揎：数落，斥责。

  便知是李嬷嬷老病发了，排揎宝玉的人。(红第二十回)

  若论安公子长了这么大，大约除了受父母的教训，还没受过这等大马金刀儿的排揎呢。(第五回)

  64. 偏了：吃喝于他人之前。

  只见宝钗走进来笑道："偏了我们新鲜东西了。"(红第二十六回)

  偏了我们了？赴了女儿的席来了？(第二十九回)

  65. 漆黑：颜色极黑。

  头上绾着漆黑油光的纂儿。(红第八回)

  却倒是漆黑的一头头发，只是多些，就鬓角儿边不用梳扇头。(第十五回)

  66. 前儿：前天。

第四章 《红楼梦》与京津冀清代小说方言词的关系　　69

前儿我叫你洗澡，换的衣裳是我的，你不弃嫌，我还有几件，也送你罢。（红第四十二回）

我本是前儿合张爷告下假来，要回三河去。（第三回）

67. 勤谨：勤劳谨慎。

或者太太看见我勤谨，一个月也把太太的公费里分出二两银子来给我，也定不得。（红第三十七回）

那个老头子也勤谨，也嘴碎，跟着他，里里外外的，又放一点儿心。（第二回）

68. 饶：连词。尽管。

饶这么着，还有人说闲话，还搁的住你来说他。（红第三十二回）

越是那等拦他，他还是把一肚子话象倒桶儿的都倒出来！（第二十五回）

69. 揉搓：折磨。

强如出去被他揉搓着，还得拿出钱来呢。（红第五十六回）

我绝不通他一指头，伤他一根汗毛，可得把他揉搓到了家业，我才放他呢！（第三十一回）

70. 神道：才智过人。

也是一位神道，可惜不是太太养的。（红第六十五回）

那姑娘又神道，倘被他预先知觉了，于事大为无益。（第十六回）

71. 声气：声音气息。

只听窗外颤巍巍的声气说道……（红第三十三回）

将进院门，听见大爷说话的声气像是生气的样子。（第三十一回）

72. 受用：舒适。

越性叫凤丫头别操一点心，受用一日才算。（红第四十三回）

这些酒吃下去，看不受用。（第三十回）

73. 随手：顺手，手边的。

如今除了我随手使的几个丫头老婆之外，我就怕和他们说话。（红第二十七回）

安老爷一面料理了些自己随手用的东西，便催着早些吃饭。（第一回）

74. 讨人嫌：惹人嫌恶、厌烦。

讨人嫌的很！得了玉的益似的，你也玉，我也玉。（红第二十七回）

你瞧跟他的那个姓华的老头子，真来的讨人嫌。（第四回）

75. 忒：副词。太，过于。

你这阿物儿，也忒行了大运了。（红第四十三回）

老爷也考虑得忒远。我只说万事都是尽人事，听天命，自有个一定。（第一回）

76. 梯己：私下。

二人假装出小恭，走至后院说梯己话。（红第九回）

原来昨日安老爷把华忠叫在一旁说的那句梯己话，合今早安老爷见了安太太老夫妻两个说的那句哑谜儿，他在旁边听着干着了会子急不好问的，便是这件事。（第二十回）

77. 添补：增添。

妹妹如今也该添补些衣裳了。（红第三十五回）

我算着将来办起事来，也不过收拾房子、添补头面衣服、办理鼓乐彩轿、预备酒席这几件事。（第二十三回）

78. 头里：a. 前面。b. 先前。

a1 这里又放月钱了，又散果子了，你该跑在头里了。（红第五十二回）

a2 老爷见一个让一个，只觉自己挤不上去，华忠道："奴才头里走着罢。"（第三十八回）

b1 二十年头里的焦大太爷眼里有谁？（红第七回）

b2 这里头有个原故，原来奴才那个妹子俩月头里就死了。（第十四回）

79. 窝心脚：对准胸口踢去的一脚。

因为你伏侍的好，昨日才挨窝心脚；我们不会伏侍的，到明儿还不知是个什么罪呢！（红第三十一回）

我只说这个小蛋蛋子可是来作窝心脚，那知这群爷们被他这一打这一骂，这才乐了！（第三十二回）

第四章 《红楼梦》与京津冀清代小说方言词的关系　　71

80. 无事忙：不务正事却异常忙碌。

你的号早有了，"无事忙"三字恰当的很。（红第三十七回）

姑娘看看这里，又帮帮那里，无事忙，觉得这日子倒好过。（第二十四回）

81. 想头：主意，念头。

好精致想头！难为怎么想来？（红第十七回）

姑奶奶，你那里知道，我这心里也合你一样的想头呢！（第三十二回）

82. 小的：旧时平民、差役对官绅自称之词。

小的闻得老爷补升此任，亦系贾府王府之力。（红第四回）

你连个"老爷"、"小的"也不会称吗？（第三十一回）

83. 斜签：谓侧斜着身子。

这门子听说，方告了座，斜签着坐了。（红第四回）

这安公子斜签着坐下。（第十二回）

84. 心窝：胸腹之中央。

忽又从金桂的枕头内抖出纸人来，上面写着金桂的年庚八字，有五根针钉在心窝并四肢骨节等处。（红第八十回）

先把右胳膊往后一掣，竖起左手大指来，按了按公子的心窝儿。（第五回）

85. 旋子：铜做的器具，像盘而较大。

快拿旋子烫滚水，你且坐下。（红第六十回）

手里端着一个红铜旋子，盛着半旋子凉水，旋子边上搁着一把一尺来长泼风也似价的牛耳尖刀。（第五回）

86. 言语：说话。

先与贾母请安，贾母一声儿不言语，自己也觉得愧悔。（红第四十七回）

那四条腿儿的头口饿了，不会言语；俺这两条腿儿的头口饿了，肚子先就不答应咧。（第十四回）

87. 爷们：对男主人的称呼。

大老爷、二老爷并一家的爷们都来了，在厅上呢。（红第十一回）

奴才进城常到宅查看，本家爷们住的很安静。（第二十三回）

88. 一般：一样。

有几百株杏花，如喷火蒸霞一般。（红第十七回至第十八回）

如今他把我的行藏说出来如亲眼见的一般。（第五回）

89. 一溜烟：形容跑得很快。

宝玉听了，带着奶娘小厮们，一溜烟就出园来。（红第十七回至第十八回）

那长姐儿只就这阵忙乱之中，拿着镜子一溜烟躲进屋里去了。（第三十五回）

90. 一起子：谓一伙，一群。

你听听，这一起子没廉耻的小挨刀的。（红第七十五回）

才来了一起子从张家口贩皮货往南京去的客人。（第三回）

91. 一条藤儿：一伙。

你们淫妇忘八一条藤儿，多嫌着我，外面儿你哄我！（红第四十四回）

看这光景，两个人是一条藤儿，这一个搬了，那一个有个不跟着走的吗？（第三十回）

92. 硬气：刚强，强硬。

无奈儿子偏不硬气，已是被他挟制软惯了。（红第八十回）

可得求下二叔想个方法儿，叫他一刀一枪的巴结个出身，一样的合贼打交道，可就比保镖硬气多了。（第三十二回）

93. 匀：分出。

只是袭人的这一分都从我的分例上匀出来，不必动官中的就是了。（红第三十六回）

不是他俩人匀一个远远的先去看风，就是见了面说两句市语，彼此一笑过去，果然不见个风吹草动。（第十一回）

94. 早晚：过早或过迟。

这早晚就跑过来作什么？（红第二十一回）

就是这早晚那去买个馍馍饼子去呢？（第九回）

95. 扎煞：张开，伸张。

第四章 《红楼梦》与京津冀清代小说方言词的关系　　73

不如趁空儿留下这一分,省得到了跟前扎煞手。(红第四十七回)

忙的他把两只小脚儿都累扎煞了。(第二十一回)

96. 扎挣:挣扎。

二则本性要强,不肯落人褒贬,只扎挣着与无事的人一样。(红第十九回)

大约也得个十天八天才扎挣得起来。(第三回)

97. 张罗:筹划,料理,安排。

里面的堂客皆是凤姐张罗接待。(红第十五回)

褚大娘子张罗着倒了茶,便向邓九公道……(第十五回)

98. 招:招惹。

我才好了,你倒来招我。(红第三回)

姑奶奶,歇歇儿罢,倒别只管招大姑娘哭了。(第二十一回)

99. 真个的:真的,确实。

真个的,我们是没脸的了?(红第四十四回)

姑爷,真个的,你住在这里就是你的一亩三分地,我一个钱的主意都作不得不成?(第十五回)

100. 知会:通知,告诉。

又有一个先去悄悄的知会伏侍的小厮们不要失惊打怪。(红第七十五回)

了了事,再没不知会咱们扛架桩的。(第六回)

101. 周旋:交际应酬。

有客来了,略可推得去的就推过去了,都是凤姑娘周旋迎待。(红第六回)

邓九公又去周旋公子,一时又打一路拳给他看,一时又打个飞脚给他看。(第十六回)

102. 作成:成全。

倒作成了这林四娘的一片忠义之志。(红第七十八回)

那十三妹的一条性命,生生送在你这番作成上了!(第十六回)

103. 昨儿:昨天。

说迟了一日,昨儿已经给了人了。(红第六回)

谁想又害了这场大病，昨儿险些死了。（第三回）

104. 左性：性情固执，遇事不肯变通。

姑妈素知我们太太有些左性的，这事等我慢谋。（红第五十七回）

这一左性，可怕又左出个岔儿来。（第二十二回）

105. 作践：糟蹋，摧残。

贾府中从不曾作践下人，只有恩多威少的。（红第十九回）

那和尚是什么时候出来的？你这令爱姑娘可曾受他的作践？（第七回）

二　词形不同

（一）有无"儿"尾

1. 打盹/打盹儿：小睡。多指坐着或靠着断续地入睡。

几个老嬷嬷也都睡了，只有小丫鬟在蒲团上垂头打盹。（红第七十六回）

那班号军也偷空儿栖在那个屎号跟前坐着打盹儿。（第三十四回）

2. 胡同/胡同儿：元人呼街巷为胡同，后即为北方街巷的通称。

他是东胡同里璜大奶奶的侄儿。（红第九回）

横竖在前门西里一个胡同儿里头，街北是座红货铺。（第三十二回）

3. 脚踏/脚踏儿：放在炕前或椅前供垫脚用的矮木凳。

当中独设一榻，引枕靠背脚踏俱全。（红第七十一回）

张姑娘含着笑，皱着眉，把两只小脚儿点的脚踏儿哆哆哆的乱响。（第二十三回）

4. 可怜见/可怜见儿：指值得怜悯。

倘或唬着他，倒怪可怜见的，他老子娘岂不疼的慌？（红第二十九回）

怪可怜见儿的，给你留个囫囵尸首，给你口药酒儿喝，叫你糊里糊涂的死了，就完了事了。（第五回）

5. 容长脸/容长脸儿：犹言长方脸。

宝玉看时，只见这人容长脸，长挑身材。（红第二十四回）

只见那也是个端正清奇不胖不瘦的容长脸儿,一口微带苍白疏疏落落的胡须。(第十七回)

6. 身量/身量儿:人体的高度。

第三个身量未足,形容尚小。(红第三回)

想到这里,不禁便问了问那姑娘的岁数儿、身量儿,然后才问到模样儿。(第十二回)

7. 靴掖/靴掖儿:绸制或皮制的可以折叠的夹子。用以装名帖、文件、钱票等物。因可塞藏在靴筒内,故名。

贾琏见问,忙向靴桶取靴掖内装的一个纸折略节来。(红第十七回至第十八回)

那尹先生听了,便从靴掖儿里寻出一张抄白的通行上谕,递给邓九公,送给姑娘阅看。(第十八回)

8. 眼热/眼儿热:羡慕,眼红。

看的眼热了,也把我送在火坑里去。(红第四十六回)

我这干女儿可倒漂了,我越瞧越有点子眼儿热。(第三十二回)

9. 缘法/缘法儿:缘分。

二则他还投主子们的缘法,也并不指着我和这位太太要衣裳去,又和那位奶奶要银子去。(红第四十七回)

这么说,连你都比我的命强了,你到底还合姑娘有这么个缘法儿呀!(第二十二回)

10. 阵仗/阵仗儿:世面,场面。

他生的腼腆,没见过大阵仗儿,婶子见了,没的生气。(红第七回)

安老爷如何见过这个阵仗?登时吓得呆了。(第三十八回)

(二) 有无"子"尾

当院/当院子:院子里。

然后又抬了许多雀笼来,在当院中放了生。(红第七十一回)

连那顶八人猩红喜轿早已亮在前面正房当院子了。(第二十五回)

(三) 词尾分别是"子"与"儿"

过道子/过道儿:房与房或墙与墙间可以通行的狭路。

你在我这房后小过道子里那间空屋里等我。(红第十二回)

今日在舅太太屋里听得姑爷果然中了,便如飞的从西过道儿里一直奔到这里来。(第三十五回)

(四)音同义同,所用方言本字不同

背晦/悖晦:糊涂,昏聩。

你妈妈再要认真排场他,可见老背晦了。(红第二十回)

你老人家可了不得了!可是有点子真悖晦了!(第十七回)

(五)词义相同、词根语素相同、词形不同

1. 不当家花花的/不当家花拉的:犹言罪过。花花的、花拉的,语助词。

阿弥陀佛,不当家花花的!就是坟里有这个,人家死了几百年,这会子翻尸盗骨的,作了药也不灵!(红第二十八回)

阿弥陀佛!不当家花拉的公子见礼罢。(第八回)

2. 成日家/成日价:一天到晚。

成日家我要偷着瞧瞧他们,也没得便。(红第七十五回)

这位亲家太太成日价合舅太太一处盘桓,也练出嘴皮子来了。(第三十三回)

3. 敢自/敢则:敢情,自然,当然。

倘或往学里告去挨了打,你敢自不疼呢?(红第六十回)

敢则昨日提起来,人家比咱们知道的多着呢。(第十九回)

三 共有方言词的分析

以上两大类,第一类有 105 个,第二类有 16 个,共有的方言词合计 121 个。

下面再从两个角度对共有方言词进行分析。

(一)语法分类

从语法角度看,共有方言词分别属于词、熟语和短语。

1. 属于词的有:腌臜、碍着、湃、吃食、出息、绰、凑趣、搋掇、搭着、打扮、打点、打横、大发、歹毒、淡话、叨叨、倒座、戗敦、吊猴、斗牌、短、耳报神、风光、孤拐、鼓捣、怪、果子、过逾、含含糊

第四章 《红楼梦》与京津冀清代小说方言词的关系

糊、好生、横竖、会子、饥荒、激、家当、家去、家生子儿、夹道、讲究、解闷儿、精、克化、款儿、来着、狼犺、劳动、老道、累赘、撂、难缠、牛心、努嘴儿、怄、排揎、漆黑、前儿、勤谨、饶、揉搓、神道、声气、受用、随手、忒、梯己、添补、头里、想头、小的、斜签、心窝、旋子、靴掖、言语、爷们、一般、硬气、匀、早晚、扎煞、扎挣、张罗、招、阵仗、知会、周旋、作成、昨儿、左性、作践、成日家/成日价、打盹/打盹儿、胡同/胡同儿、脚踏/脚踏儿、身量/身量儿、眼热/眼儿热、缘法/缘法儿、当院/当院子、过道子/过道儿、背晦/悖晦、敢自/敢则。

（1）从词的音节数量上看，有单音词、复音词和多音词，复音词的数量最多，还有少量的词由于词形不同导致音节数量不同。

单音词：湃、绰、短、怪、精、款儿、撂、怄、前儿、饶、忒、匀、招、昨儿。

复音词：腌臜、碍着、吃食、出息、凑趣、撺掇、搭着、打扮、打点、打横、大发、歹毒、淡话、叨叨、倒座、敁敠、吊猴、斗牌、风光、孤拐、鼓捣、果子、过逾、好生、横竖、会子、饥荒、激、家当、家去、夹道、讲究、解闷儿、克化、来着、狼犺、劳动、老道、累赘、难缠、牛心、努嘴儿、排揎、漆黑、勤谨、揉搓、神道、声气、受用、随手、梯己、添补、头里、想头、小的、斜签、心窝、旋子、靴掖、言语、爷们、一般、硬气、早晚、扎煞、扎挣、张罗、阵仗、知会、周旋、作成、左性、作践、打盹/打盹儿、胡同/胡同儿、脚踏/脚踏儿、身量/身量儿、眼热/眼儿热、缘法/缘法儿、背晦/悖晦、敢自/敢则。

多音词：耳报神、家生子儿、成日家/成日价。

以下各组音节数量不同：当院/当院子、过道子/过道儿。

（2）从词的结构上看，有单纯词和合成词，其中单纯词又分为单音单纯词、叠音词和联绵词，合成词又分为复合词和派生词，以上各类，复合词的数量最多。

单音单纯词：湃、绰、短、怪、激、精、款儿、撂、怄、前儿、饶、忒、匀、招、昨儿。

叠音词：叨叨。

联绵词：腌臜、战敨、狼犺、胡同/胡同儿。

复合词：碍着、吃食、出息、凑趣、㨃掇、搭着、打扮、打点、打横、大发、歹毒、淡话、倒座、吊猴、斗牌、耳报神、风光、孤拐、鼓捣、果子、过逾、好生、横竖、饥荒、家当、家去、家生子儿、夹道、讲究、解闷儿、克化、来着、劳动、老道、累赘、难缠、牛心、努嘴儿、排揎、漆黑、勤谨、揉搓、神道、声气、受用、随手、梯己、添补、头里、斜签、心窝、靴掖、言语、爷们、一般、硬气、早晚、扎煞、扎挣、张罗、阵仗、知会、周旋、作成、左性、作践、成日家/成日价、打盹/打盹儿、脚踏/脚踏儿、身量/身量儿、眼热/眼儿热、缘法/缘法儿、当院/当院子、过道子/过道儿、背晦/悖晦、敢自/敢则。

派生词：会子、想头、小的、旋子。

（3）从词类上看，有名词、动词、形容词、副词、连词和助词，名词和动词的数量多，助词和连词都只有一个。

名词：吃食、淡话、倒座、耳报神、孤拐、果子、会子、饥荒、家当、家生子儿、夹道、款儿、前儿、声气、头里、想头、小的、心窝、旋子、靴掖、爷们、早晚、阵仗、昨儿、成日家/成日价、胡同/胡同儿、脚踏/脚踏儿、身量/身量儿、缘法/缘法儿、当院/当院子、过道子/过道儿。

动词：碍着、湃、出息、绰、凑趣、㨃掇、搭着、打扮、打点、打横、叨叨、战敨、吊猴、斗牌、短、鼓捣、激、家去、讲究、解闷儿、克化、劳动、撂、揉搓、受用、随手、添补、匀、扎煞、扎挣、张罗、招、知会、周旋、作成、作践、打盹/打盹儿。

形容词：腌臜、大发、歹毒、风光、过逾、狼犺、老道、累赘、难缠、牛心、努嘴儿、怄、排揎、漆黑、勤谨、神道、梯己、斜签、言语、一般、硬气、左性、眼热/眼儿热、背晦/悖晦。

副词：怪、好生、横竖、精、忒、敢自/敢则。

助词：来着。

连词：饶。

2. 属于熟语的有：打饥荒、含含糊糊、横三竖四、冷不防、讨人嫌、窝心脚、无事忙、一条藤儿、一溜烟、不当家花花的/不当家花拉的。

再细分：含含糊糊、横三竖四是成语，其余都是惯用语。

3. 属于短语的有：不值什么、不自在、赶着、搁不住、可惜了的、扭股儿糖似的、偏了、讨人嫌、一起子、真个的、可怜见的/可怜见儿的、容长脸/容长脸儿。

再细分，不值什么、不自在是否定结构，一起子是数量结构，可惜了的、真个的、可怜见的/可怜见儿的是"的"字短语，赶着、扭股儿糖似的、偏了是助词短语，搁不住是动补结构，容长脸/容长脸儿是偏正结构。

在语法上，突出的是儿化词比较多，有：家生子儿、解闷儿、款儿、扭股儿糖似的、努嘴儿、前儿、昨儿。"的"字结构也比较多，有：可惜了的、小的、真个的、可怜见的/可怜见儿的、不当家花花的/不当家花拉的。

（二）语义类别

建筑类词语比较突出，例如：夹道、胡同/胡同儿、当院/当院子、过道子/过道儿。

第二节 《红楼梦》与《海上花列传》共有的方言词

已经有众多著作对《海上花列传》的方言词进行研究，例如张佳文《〈海上花列传〉吴方言词语释证》[1]、陈晓宇《〈海上花列传〉俗语词研究》[2]、董娇燕《〈海上花列传〉吴方言词例释》[3]，等等。晁瑞《〈醒世姻缘传〉方言词汇研究》[4]列举了《醒世姻缘传》与《红楼梦》《儿女英雄传》《海上花列传》等小说共有的方言词，里面包含《红楼

---

[1] 张佳文：《〈海上花列传〉吴方言词语释证》，硕士学位论文，华东师范大学，2009年。
[2] 陈晓宇：《〈海上花列传〉俗语词研究》，硕士学位论文，山东大学，2013年。
[3] 董娇燕：《〈海上花列传〉吴方言词例释》，硕士学位论文，辽宁师范大学，2014年。
[4] 晁瑞：《〈醒世姻缘传〉方言词汇研究》，博士学位论文，南京师范大学，2006年。

梦》与《海上花列传》共有的方言词，但没有说明《红楼梦》使用的是哪个版本，在使用的时候需要验证核实。我们参考以上著作，对比《红楼梦》与《海上花列传》方言词的关系。

对比的时候排除同物异名，以及在一部小说里是方言词而在另外一部小说里不是方言词的词。

《红楼梦》早于《海上花列传》，先列《红楼梦》的例句，在例句出现的回数之前加"红"以示区分，再列《海上花列传》的例句，直接标例句出现的回数。方言词按音序排列。

一　完全相同

1. 把：量词。用于有把手的器物。
然后一把曲柄七凤金黄伞过来，便是冠袍带履。（红第十八回）
洪善卿答应下楼，一直出了西棋盘街，恰有一把东洋车拉过。（第三回）

2. 不是：错误，过失。
后来到底寻了个不是，远远的充发了他才罢。（红第四回）
朴斋倒有些不好意思的，左不是，右不是。（第一回）

3. 吵：喧嚷。
板儿一见了，便吵着要肉吃，刘姥姥一巴掌打了他去。（红第六回）
赵大少爷阿要会吵，倪秀宝小姐是清倌人呈。（第二回）

4. 嗔：责怪，埋怨。
宝钗不待说完，便嗔他不去倒茶。（红第八回）
大官人这等顶撞晁奶奶，晁爷就不嗔么？（第二回）

5. 瞅睬：看顾，理睬。
那些人听了，都不瞅睬。（红第六回）
床上二宝装做不听见，只在暗地里生气，阿巧、阿虎也不去瞅睬。（第六十一回）

6. 撮：取，夹取，抓取。
好容易撮起一个来，才伸着脖子要吃，偏又滑下来滚在地下。（红

第四十回)

一片没良心的寡话,奉承得那典史抓耳挠腮,浑身似撮上了一升虱子的,单要等晃源开口,便也要卖个人情与他。(第十四回)

7. 大:表示程度深。

不觉心中大畅,将疼痛早丢在九霄云外。(红第三十四会)

大厚的毛,连鸭蛋也藏住了。(第八十四回)

8. 乖:聪明机智。

最是心里有算计的人,岂只乖而已。(红第六十二回)

耐个主意勿差,耐搭我还清仔债末,该搭勿来哉,阿是?故末好去做张蕙贞哉,阿是?耐倒乖来咪!(第十回)

9. 好生:甚,很。

好生奇怪,倒象在那里见过一般,何等眼熟到如此!(红第三回)

淘米做饭,洗碗擦锅,好生勤力。(第八十八回)

10. 呵:嘘气,哈气。

说着翻身起来,将两只手呵了两口,便伸手向黛玉胳肢窝内两肋下乱挠。(红第十九回)

还要戴上个棉眼罩,呵的口气,结成大片的琉璃。(第八十八回)

11. 后生:年轻人。

果然出来带进一个小后生来,较宝玉略瘦些。(红第七回)

刚至桥堍,突然有一个后生,穿着月白竹布箭衣,金酱宁绸马褂,从桥下直冲上来。(第一回)

12. 话头:犹话语,话题。

我也曾游过些名山大刹,倒不曾见过这话头。(红第二回)

连声催促,方剪住周兰的话头。(第十回)

13. 将:助词。用于动词之后。

把这件顺手拿将出来,叫人给邢大姑娘送去。(红第五十一回)

但是有过来的妇女,哄的一声,打一个圈,围将拢来。(第七十三回)

14. 旧年:去年。

旧年好一年的工夫,做了个香袋儿。(红第三十二回)

我记得旧年夏天，看见耐搭个长条子客人夜头来咪明园。（第八回）

15. 开交：了结，罢休。

别管他们，让他们闹去，看怎么开交。（红第六十回）

要是我不得这命，就是俺婆婆留下的这几两银子，我不豁撒他个精光，我待开交哩？（第六十四回）

16. 立逼：当场逼迫。

宝玉听了立身便往贾母处来，立逼着叫人接去。（红第三十七回）

一个个抢上前磨墨蘸笔，寻票头，立逼老包开局票。（第四十八回）

17. 溜：量词。排。

大观园正门上也挑着大明角灯，两溜高照，各处皆有路灯。（红第五十三回）

又有一个穿水红衫子老婆，合俺姑夫在上面一溜家坐着，合姑夫猜枚。（第六十六回）

18. 面善：面容和蔼。

丫鬟倒发了个怔，自思这官好面善，倒象在那里见过的。（红第一回）

莲生见阿巧好生面善，问起来，方知在卫霞仙家见过数次。（第二十三回）

19. 奶奶：有地位的已婚女性。

如今太太竟不大管事，都是琏二奶奶管家了。（红第六回）

那奶奶满面怒气，直挺胸脯跫进大门。（第二十三回）

20. 闹热：热闹。

因王夫人不在家，也不曾象往年闹热。（红第六十二回）

攀仔相好末，搭赵大少爷一淘走走，阿是闹热点？（第一回）

21. 偏生：偏偏。表示实况同所希望的正相反。

偏生这日贾政回家早些，正在书房中与相公清客们闲谈。（红第九回）

心中却想潘三好事将成，偏生遇这冤家冲散。（第二十七回）

22. 撇：舍弃，丢弃。

他哭的那样，不好撇下就回来，所以多等了一会子。（红第四十三回）

一个推净手，一个推说去催马，将我们撇在桥上，竟自去了。（第十六回）

23. 齐整：端正，漂亮。

因长得齐整，老太太很疼。（红第五十六回）

那时秀英、二宝打扮齐整，各换一副时式行头。（第三十一回）

24. 起先：开始，最初。

原来他起先那样竟是不知的，如今听人说还不信。（红第五十七回）

起先我看沈小红好像蛮对景。（第三十四回）

25. 生活：活儿，工作。

便大家叫他作小舍儿，专作些粗笨的生活。（红第八十回）

俚哚两家头阿肯做生活嗄！（第二十三回）

26. 首尾：a. 指男女关系。b. 指一手经办的事。

a1 妹妹的声名很不好听，连老太太、太太们都知道了，说妹妹在家做女孩儿就不干净，又和姐夫有些首尾。（红第六十九回）

a2 所以那全班女子弟，连珍哥，倒有一大半是与晃住有首尾的。（第四十三回）

b1 贾政听了，便知此事不是贾珍的首尾，便令人去唤贾琏。（红第十七回至第十八回）

b2 临买他的时，讲价钱，打夹账，都是他的首尾。（第六回）

27. 忒：副词。太，过于。

你也忒胡闹了，可作什么来呢！（红第十九回）

洪善卿沉吟道："阿就是四家头？"朴斋道："四家头忒少。"（第三回）

28. 停当：妥帖，妥当。

众小厮七手八脚摆了半天，方才停当归坐。（红第二十六回）

房间里齐齐整整，铺设停当。（第五回）

29. 物件：东西，物品。
何苦来，你摔砸那哑巴物件。（红第二十九回）
仲英只取应用物件拣选齐备。（第六回）
30. 物事：东西，物品。
外谢甄家娘子许多物事，令其好生养赡。（红第二回）
问陆秀林，说是往抛球场买物事去的。（第三回）
31. 相打：打架。
不然必是两口子相打。（红第七十三回）
昨日夜头赵先生来哚新街浪同人相打，打开仔个头，满身才是血。（第十七回）
32. 兴头：高兴起劲，起劲的当儿。
那秦显家的好容易等了这个空子钻了来，只兴头上半天。（红第六十二回）
你若正这件事做得兴头，忽然钻出个人来，象那九良星打搅蔡兴宗造洛阳桥的一般，灰一灰心，懈一懈志，前功尽弃。（第三十二回）
33. 一应：所有一切。
一应日费供给一概免却，方是处常之法。（红第四回）
一应高装祭品，密密层层，摆列在下。（第四十六回）
34. 应承：应允，承诺。
听见刘姥姥带他进城逛去，便喜的无不应承。（红第六回）
仲英和他扭不过，没奈何应承了。（第六回）
35. 原：原来。
原是我们二爷不在家，虽然迟了两天，只管请奶奶放心。（红第二十七回）
原是耐勿好啘，俚哚吃勿落哉末，耐去教俚哚吃。（第四十七回）
36. 支使：指使，调遣，命令人做事。
横竖有人伏侍你，再别来支使我。（红第二十一回）
玉甫思将浣芳支使开去。（第八回）
37. 中意：合心，满意。
若要外头说去，断不中意。（红第五十七回）

第四章 《红楼梦》与京津冀清代小说方言词的关系　　85

中意末走走，勿中意豁脱块洋钱好哉。（第十六回）

38. 转来：回来。

宝玉不知有何话，扎着两只泥手，笑嘻嘻的转来。（红第六十二回）

等蔼人转来仔一淘过去。（第四回）

39. 自家：自己。

那宝玉是个丈八的灯台——照见人家，照不见自家的。（红第十九回）

耐自家也勿小心晼，放俚去罢。（第一回）

40. 作成：成全。

生恐旺儿仗凤姐之势，一时作成，终身为患。（红第七十三回）

有多花物事，耐看看阿有啥人作成？（第一回）

二　词形不同

所用方言本字不同。

标致/缥致：容貌美丽。

天下真有这样标致的人物，我今儿才算见了！（红第三回）

只是丢不下陆秀宝，想秀宝毕竟比王阿二缥致些，若要兼顾，又恐费用不敷。（第二回）

三　共有方言词的分析

《海上花列传》的吴方言词数量很大，但是和《红楼梦》相同的仅有41个。

下面再从两个角度对共有方言词进行分析。

从语法角度看，共有方言词都是词，没有熟语和短语。

1. 从词的音节数量上看，有单音词和复音词，没有多音词。

单音词：把、吵、嗔、撮、大、乖、呵、将、撒、忒、原。

复音词：不是、瞅睬、好生、后生、话头、旧年、开交、立逼、溜、面善、奶奶、闹热、偏生、齐整、起先、生活、首尾、停当、物件、物事、相打、兴头、一应、应承、支使、中意、转来、自家、作成、标致/缥致。

2. 从词的结构上看，只有单音单纯词和复合词。

单音单纯词：把、吵、嗔、撮、大、乖、呵、将、溜、撒、忒、原。

复合词：不是、瞅睬、好生、后生、话头、旧年、开交、立逼、面善、奶奶、闹热、偏生、齐整、起先、生活、首尾、停当、物件、物事、相打、兴头、一应、应承、支使、中意、转来、自家、作成、标致/缥致。

3. 从词类上看，有名词、动词等。

名词：不是、后生、话头、旧年、开交、奶奶、起先、生活、首尾、物件、物事、兴头。

动词：吵、嗔、瞅睬、撮、呵、立逼、闹热、撒、相打、应承、支使、中意、转来、作成。

形容词：大、乖、面善、齐整、停当、标致/缥致。

代词：自家。

量词：把、溜。

副词：好生、偏生、忒、一应、原。

助词：将。

由于数量少，在语义类别上没有突出特点。

第三节　旁证：《红楼梦》与《醒世姻缘传》共有的方言词

《海上花列传》的完成时间太靠后了，与《红楼梦》的成书时间相差比较大，或许是导致二者方言词汇差别比较大的原因之一。为此我们再用一个旁证来验证，就是用山东方言写成的《醒世姻缘传》，这部小说的成书时间与《红楼梦》更接近一些。

已经有众多著作对《醒世姻缘传》的方言词进行研究，例如孟庆泰、赵晓明《〈醒世姻缘传〉方言词语例释》[1]、雷汉卿《〈醒世姻缘

---

[1] 孟庆泰、赵晓明：《〈醒世姻缘传〉方言词语例释》，《蒲松龄研究》1995年第1期。

传〉方言词补释》[1]、晁瑞《〈醒世姻缘传〉方言词研究》[2]、殷晓洁《明清山东方言词汇研究——以〈金瓶梅词话〉、〈醒世姻缘传〉、〈聊斋俚曲〉为中心》[3]，等等，主要探讨《醒世姻缘传》里的山东方言词。其中，晁瑞《〈醒世姻缘传〉方言词研究》把《醒世姻缘传》与《红楼梦》《儿女英雄传》的方言词汇进行了对比，把《红楼梦》《儿女英雄传》作为北京官话的代表，但没有说明以上两部作品使用哪个版本。由于《〈醒世姻缘传〉方言词研究》按照义位收录方言词，所以一个词可能被分为多个词条，我们统计义位合并后的共同方言词。

在统计的时候，需要排除以下两种类型，一是同词异义，在《红楼梦》和《醒世姻缘传》用不同的词义，例如"还席"，《红楼梦》第七十五回："请我，我没的还席。"这里还席用本义，指回请对方吃饭。《醒世姻缘传》第二十七回："他养活着咱一家子这么些年，咱还席也该养活他。"这里还席用引申义，指报答、回报。两处词义不同，虽然是同一个词，但不是相同的方言词。二是词形有差异、词义也有差异，例如"像生/像生儿"，《红楼梦》第三十五回："你不用做这些像生儿，我知道你的心里多嫌我们娘儿两个。"这里像生儿指装模作样的形态。《醒世姻缘传》第六十四回："要似这们个像生，我也打他几下子。"这里像生指假的人或物。两处不是同一个词。

《红楼梦》晚于《醒世姻缘传》，先列《醒世姻缘传》的例句，直接标例句出现的回数，再列《红楼梦》的例句，在例句出现的回数之前加"红"以示区分。方言词按音序排列。

一 完全相同

1. 安插：安置，安排。
你们都分的净了，这个老婆子放在那里安插？（第五十七回）

---

[1] 雷汉卿：《〈醒世姻缘传〉方言词补释》，《古汉语研究》2006年第5期。
[2] 晁瑞：《〈醒世姻缘传〉方言词研究》，博士学位论文，南京师范大学，2006年。
[3] 殷晓洁：《明清山东方言词汇研究——以〈金瓶梅词话〉、〈醒世姻缘传〉、〈聊斋俚曲〉为中心》，中国社会科学出版社2011年版。

周瑞家的将刘姥姥安插在那里略等一等。(红第六回)

2. 不拘：不拘泥，不计较，不限制。

如宅上用钱时，不拘多少，发帖来，小桌支取。(第一回)

不拘听见个什么话儿，都要度量个三日并五夜才罢。(红第十回)

3. 常时：平时。

咱如今同不得常时，又没了钱，又没了势。(第四十三回)

常时短了这个，少了那个，那不是我们供给？(红第七十三回)

4. 尺头：绸缎衣料。

将那日晁夫人分付的话，捎带的银珠尺头，一五一十向着珍哥晁大舍学个不了。(第八回)

拿了一匹尺头、两个"状元及第"的小金锞子，交付与来人送过去。(红第七回)

5. 抽头：掉头。

若不及早抽头，更待何日？(第十六回)

我也太行毒了，也该抽头退步。(红第五十五回)

6. 攒盒：一种分成多格用以盛糕点果肴等食物的盘盒。

果子、按酒、攒盒摆得齐齐整整的。(第十四回)

回来吃酒的攒盒可装上了？(红第四十回)

7. 打：介词。犹自、从。表示处所、方向或时间。

既是和尚道士打你门口走过，你不该把那和尚道士一手扯住？(第十二回)

咱们打这角门走罢。(红第五十二回)

8. 淡话：不相干的话，无谓的话。

说了几句淡话，空茶也拿不出一钟。(第三回)

咸屄淡话，咬群的骡子似的！(红第五十六回)

9. 凡百：一切，一应。

虽是太平丰盛年成，凡百米面都贱。(第二十三回)

凡百事情，我如今都自己减了。(红第四十七回)

10. 干：用于称人群。犹言伙，帮。

晁源等一干人在二门里照牌跪下。(第十回)

那边珍大爷琏二爷这干人也未必白丢开了。(红第四十七回)

11. 乖滑：狡狯。

素姐乖滑，将那大块多的银子扁在自己腰间，不过将那日逐使的那零星银子交他使用。(第八十八回)

心性乖滑，专管各处献勤讨好。(红第七十一回)

12. 怪：很，非常。

八千里怪难走的路哩！(第八十五回)

我这外边没个人，我怪怕的，一夜也睡不着。(红第五十一回)

13. 害：患病，发生疾病。

害的是甚么病？(第八十回)

我那里就害瘟病了，只怕过了人！(红第五十一回)

14. 汉子：俗称丈夫。

但人家的寡妇没了汉子，难道都要死了不成。(第三十回)

你汉子去了大半年，你想夫妻了？(红第六十二回)

15. 好气：谓心里高兴，好态度。

薛教授正没好气，瞪着一双眼，走出房来。(第五十二回)

正没好气，抡拳就要打。(红第二十四回)

16. 好生：用心，当心。

好生吃酒，另说别的罢。(第五十八回)

令其好生养赡，以待寻访女儿下落。(红第二回)

17. 合该：理应，应当。

合该有这两日的缘法，神差鬼使的叫你老人家不生气哩。(第四十回)

竟是合该媳妇的病在他手里除灾亦未可知。(红第十回)

18. 哄：欺骗。

哄着我京里差不多住起一个月，盘缠够三四十两银子。(第八十六回)

真是茄子，我们再不哄你。(红第四十一回)

19. 护短：为缺点或过失辩护。

县官方才不敢护短，分付地方赶逐法师起身。(第九十三回)

专管调唆主子护短偏向。(红第七十三回)

20. 花子：指乞丐。

为甚么叫这些花子奴才胡言乱语的骂着，不着个人合我说去。(第八十三回)

那里找这一群花子去！(红第四十九回)

21. 家私：家财，家产。

因有了家私，两口人便也吃那好的。(第二十七回)

明日这家私不怕不是我环儿的。(红第二十五回)

22. 强：倔强，固执。

虽然口里强着，也有些知道自己出来街上撒泼的不是。(第八回)

宝玉拉了秦钟出来道："你可还和我强？"(红第十五回)

23. 嚼舌根：乱说，搬弄是非。

那用你对着瞎眼的贼官证说我这们些嚼舌根的话，叫我吃这们顿亏。(第八十九回)

谁不背地里嚼舌说咱们这边乱帐。(红第六十三回)

24. 揭挑：谓揭露别人的短处。

你揭挑说我爹是银匠，可说我那银匠爹是老公公家的伙计。(第八十七回)

一则吃了酒，二则被这丫头揭挑着弊病，便羞激怒了。(红第七回)

25. 就着：谓用某种菜来佐餐或下酒。

两口子拿着馍馍就着肉，你看他攮颡。(第十九回)

只拿茶泡了一碗饭，就着野鸡瓜齑忙忙的咽完了。(红第十九回)

26. 看：料理，备办。

叫他婆子看小菜，留那送利钱的人吃酒。(第三十五回)

看过这早饭就出去罢，柳嫂儿原无事，如今还交与他管了。(红第六十二回)

27. 诓：用谎言骗人。

别说那瞎诓着我空走一遭的话。(第五十五回)

想必是小孩子们使的木碗儿，不过诓我多喝两碗。(红第四十

一回）

28. 劳动：多用为敬词。犹言劳驾，多谢。

你二位甚么福分，敢劳动老爷与你们暖酒哩。（第二十三回）

我还没看你去，那里还敢劳动来看我们。（红第七十二回）

29. 老成：稳重，持重。

有一二老成不狂肆的。（第二十六回）

如今出了阁，又在那府里办事，越发历练老成了。（红第十三回）

30. 勒掯：勒索。

这是甚么事？你且高枝儿上站着勒掯哩。（第六十七回）

金的，银的，圆的，扁的，压塌了箱子底，只是勒掯我们。（红第二十二回）

31. 膫子：秽语。男子生殖器。

你是人家的鸡巴大伯！膫子大伯！（第八十九回）

撞丧醉了，夹着你那膫子挺你的尸去。（红第六十五回）

32. 了吊：门窗搭扣。

将门带上，使了吊扣了，回来取了一把铁锁锁住。（第八十回）

原来是外间窗屉不曾扣好，塌了屉成了吊下来。（红第七十三回）

33. 罗唣：骚扰，吵闹。

你只管对了我这般罗唣，却是为何。（第四十二回）

四丫头不犯罗唣你，却是谁呢？（红第七十五回）

34. 落：得到。

养活一造子，落出个好来哩。（第五十七回）

到那时白落个臭名，后悔不及。（红第六十五回）

35. 瞒哄：隐瞒欺骗。

众人相约只要瞒哄素姐一人。（第四十九回）

香菱听了心下不信，料着是他们瞒哄自己的话。（红第四十九回）

36. 昧：贪，贪图。

教我捎与他的东西，我敢昧下他的？（第四十九回）

我怎么不知道，你们就昧下了。（红第七十二回）

37. 磨牙：费口舌，无意义地争辩。

我是合你磨牙费嘴的人么？（第五十五回）

满屋里就只是他磨牙。（红第二十回）

38. 拿班：装腔作势，摆架子。

心上恨不得一时飞上山去，口里故意拿班。（第八十七回）

凤姐因见他素日不大拿班作势的，便依允了。（红第二十三回）

39. 奶：哺乳。

刚才俺说辞他谢谢扰，他推奶孩子没出来。（第九十六回）

你从小儿奶的儿子，你还有什么不知他那脾气的？（红第十六回）

40. 奶子：乳母。

胡无翳接过来抱了一会，奶子方才接了回去。（第二十二回）

忽见奶子抱了大姐儿来。（红第四十一回）

41. 年下：谓将过农历新年的时候。

这一年十二月十五，早早的放了年下的学，回到家中。（第三十三回）

我们乡下人到了年下，都上城来买画儿贴。（红第四十四回）

42. 娘儿们：长辈妇女和男女晚辈的合称。

如今咱娘儿们正憋的不知在那里哩！（第二十二回）

我们娘儿们跟的上这屋里那一个儿！（红第二十五回）

43. 娘母子：母亲。

这们娘母子也生的出好东西来哩？（第五十二回）

还不骑了马跑到家里，告诉你娘母子去！（红第二十九回）

44. 盘缠：旅途费用，路费。

没盘缠了你爷的，叫他休大扯淡！（第七十八回）

前儿我悄悄的把绵衣服叫人当了几吊钱盘缠。（红第五十七回）

45. 炮仗：爆竹。

叫我背着爹买了一大些炮仗，放了一年下没放了。（第五十八回）

几个人抬着个房子大的炮仗往城外放去。（红第五十四回）

46. 泼皮：流氓，无赖。

内中有两个泼皮无赖的恶人。（第二十回）

原来这倪二是个泼皮。（红第二十四回）

47. 破着：拼，豁出。

一斤白丸子，破着值了一钱。（第四回）

须得大家破着大闹一场，方争过气来。（红第六十回）

48. 轻省：轻松，不费力。

这在诸商之中，还算最为轻省，造化好的，还能赚钱。（第七十一回）

因想这件生意倒还轻省热闹，遂趁年纪蓄了发，充了门子。（红第四回）

49. 取齐：聚齐，集合。

脱不了吴太太是到俺府里取齐哩。（第七十八回）

到二门外鹿顶内，乃是管事的女人议事取齐之所。（红第七十一回）

50. 人物：人的外貌。

他这们一表人物，又魁伟，又轩昂。（第四回）

天下真有这样标致的人物，我今儿才算见了！（红第三回）

51. 撒漫：任意用钱，挥霍。

只是闻得白姑子起发那许多银钱，料定素姐是个肯撒漫的女人。（第六十八回）

袭人又本是个手中撒漫的，况与香菱素相交好，一闻此信，忙就开箱取了出来折好，随了宝玉来寻着香菱。（红第六十二回）

52. 晌午：中午。

从清早到了他家里，坐到晌午去了。（第十回）

至晌午，贾母便回来歇息了。（红第八回）

53. 身量：人体的高度。

只怕你家有这们大身量肥头大脑的姑子！（第八回）

第三个身量未足，形容尚小。（红第三回）

54. 生生：活活，硬是。

一个丫头生生的逼杀了。（第八十一回）

又搭着他老子逼着他念书，生生的把个孩子逼出病来了。（红第二十九回）

55. 手段：本领，技巧。

这把刀的手段，也没有人比下我去的。(第八十八回)

几时叫他死在我的手里，他才知道我的手段！(红第十一回)

56. 说嘴：夸口，说大话。

你且慢说嘴，问问你的心来。(第二回)

才说嘴就打了嘴。(红第四十回)

57. 梯己：私下。

他还嫌肚子不饱，又与孙兰姬房中梯己吃了一个小面。(第三十八回)

又梯己给鲍二些银两，安慰他说……(红第四十四回)

58. 蹄子：旧时对妇女的贬称。

没廉耻的蹄子小妇！(第九十一回)

平儿疯魔了，这蹄子认真要降伏我。(红第二十一回)

59. 听说：听人所说。

这们个玉天仙似的人，怎么只不听说！(第四十五回)

你也太听说了。这是他好意送你，你不佩着，他岂不疑心？(红第五十七回)

60. 通：整个，全部。

小的虽是刺字，通是屈情，那里有点实情气儿？(第八十八回)

况且这通身的气派，竟不象老祖宗的外孙女儿。(红第三回)

61. 相看：提亲后家长或本人到对方家相亲。

你放着眼皮子底下一门好亲戚，他不消打听我，我不消相看他，你们不点上紧儿，可遥地里瞎跑。(第七十五回)

前日有人家来相看，眼见有婆婆家了。(红第三十一回)

62. 兴头：高兴起劲，起劲的当儿。

谁知此夜睡后，没兴头的事日渐生来。(第一回)

宝玉听了，好似打了个焦雷，登时扫去兴头。(红第二十三回)

63. 行动：动不动。

开口就骂，行动就嚷。(第八十八回)

二爷近来气大的很，行动就给脸子瞧。(红第三十一回)

64. 丫头子：婢女。

叫丫头子出去买菜。（第四十回）

只剩了两个小丫头子，乐得讨宝玉的欢喜。（红第八回）

65. 言语：说话，说。

狄员外合狄希陈站在一旁干瞪着眼看，没敢言语一声。（第六十八回）

周瑞家的听了，一声儿不言语。（红第七回）

66. 咬群：指某一牲畜常与同类争斗。多比喻某个人爱同周围的人闹纠纷。

一堂和尚，叫你这个俗人在里边咬群！（第十二回）

咸屁淡话，咬群的骡子似的！（红第五十八回）

67. 药吊子：煮药的带柄有嘴的小壶。

寻下药吊子，赵杏川开了药箱，攒了一帖煎药。（第六十七回）

我一日药吊子不离火，我竟是药培着呢。（红第五十二回）

68. 营生：a. 事情。b. 谋生之事，职业。

a1 这不消说，必定是俺嫂子干的营生。（第五十八回）

a2 你我不必同行，就此分手，各干营生去罢。（红第一回）

b1 这是俺家祖辈久惯的营生。（第七十一回）

b2 这些没营生的妈妈们也宽裕了。（红第五十六回）

69. 影响：踪迹。

狄周遥地里寻，那里有他的影响。（第三十八回）

倏然不见了湘云，只当他外头自便就来，谁知越等越没了影响。（红第六十二回）

70. 早起：早上，上午。

只是薛夫人早起后响，行起坐卧，再三教训，无般不劝。（第四十八回）

是我早起吃了丸药的香气。（红第八回）

71. 扎挣：挣扎。

你休胡说！扎挣着起来替娘陪个礼。（第六十回）

贾珍一面扶拐，扎挣着要蹲身跪下请安道乏。（红第十三回）

72. 着忙：着慌，着急。

童七被厂里差人拿去，童奶奶着忙，门也不曾关闭。（第七十回）

袭人见了又是着忙又是可笑，忙开了门。（红第三十回）

73. 真：真实。与假、伪相对。

你们众人又不是他家的家人觅汉，你们怎么知得这等真？（第八十九回）

贾母等尚未听真，都止步问宝钗，宝钗说明了，大家方明白。（红第三十五回）

74. 证见：证据。

与我的三两银子也原封没动，这都不是证见么？（第四十六回）

告诉我拿了磁瓦去交收是证见，不然又说偷起来。（红第七十六回）

二　词形不同

（一）词尾不同

1. 葫芦提/葫芦：糊涂。

调羹倒也要与他遮盖，葫芦提答应过去。（第七十二回）

薄命女偏逢薄命郎　葫芦僧乱判葫芦案（红第四回）

2. 紧溜子/紧溜：赶紧。

这是紧溜子里，都着实读书，不许再出去闲走。（第三十八回）

趁着紧溜之中，他出头一料理，众人就把往日咱们的恨暂可解了。（红第五十五回）

（二）所用方言本字不同

1. 耽待/担待：原谅。

若韦大爷耽待，我便知感不尽了！（第八十六回）

担待我酒后无德罢。（红第四十五回）

2. 希罕/稀罕：羡慕，以为希奇而喜爱。

谁希罕你们拉我？（第八十七回）

我倒不稀罕他，只怕老太太满了。（红第四十七回）

三　共有方言词的分析

以上两类合计，《红楼梦》与《醒世姻缘传》共有的方言词是 78 个。在数量上，少于《红楼梦》与《儿女英雄传》共有的 121 个，多于《红楼梦》与《海上花列传》共有的 41 个。山东位于京津冀与苏南之间，《红楼梦》与《醒世姻缘传》共有的方言词数量，正好介于另外两组数量中间。

第四节　对比的结论

对比前两节的比较结果，可以得出以下结论。

1. 共有的方言词数量。《红楼梦》与《儿女英雄传》《海上花列传》共有的方言词是：好生、忒。这两个词是南北方共有的，但不能看作是通用语词汇，"好生、忒"在通用语词汇里与之对应的是程度副词"好好、特"。

在第二章，"腌臜、打扮"是《红楼梦》与苏南地方志共有的方言词；在第三章，"含糊"是《红楼梦》与《吴下方言考》共有的方言词；在本章，"含含糊糊"是《红楼梦》与《海上花列传》共有的方言词，含含糊糊是含糊的重叠形式，是同一个词。所以《红楼梦》与《儿女英雄传》共有的方言词需要减少 3 个，再减去南北共有的 2 个，合计 116 个。

在第二章，"吵"是《红楼梦》与京津冀地方志共有的方言词；在第三章，"标致"是《红楼梦》与《燕说》共有的方言词。所以《红楼梦》与《海上花列传》共有的方言词需要减少 2 个，再减去南北共有的 2 个，合计 37 个。

总之《红楼梦》与《儿女英雄传》相同的方言词是 116 个，与《海上花列传》相同的方言词是 37 个。

以上两个数字相比较，差别还是比较大。旁证《红楼梦》与《醒世姻缘传》共有的方言词是 78 个，其中"淡话、怪、好生、梯己、言语"还是与《儿女英雄传》共有的，"好生、兴头"还是与《海上花列传》共有的。从共有方言词的数量来看，《红楼梦》与《儿女英雄传》

共有的最多,其次是与《醒世姻缘传》共有的,最少的是与《海上花列传》共有的。

  2. 共有的方言词的特点。《红楼梦》与《儿女英雄传》共有的方言词主要有两个特点:一是儿化词比较多,《红楼梦》里的许多儿化词到了《儿女英雄传》里变成不是儿化词;二是有些词语具有非常明显的地域色彩,例如"胡同"是北方特有的名物词,"胡同、梯己"在京津冀地方志、《燕说》和《儿女英雄传》里都出现了。《红楼梦》与《海上花列传》共有的方言词特点不明显。

  总起来说,《红楼梦》与清代小说里的北京方言词更接近,与清代小说里的苏南方言词关系较小。

第五章

《红楼梦》与京津冀清代讲唱文学方言词的关系

清代讲唱文学发达，全国各地有很多形式。在北京有子弟书，内容大多是对以往故事、杂剧、小说等的改编，也有对现实的反映。子弟书记录了讲唱者的口语，保存了大量的清代方言词。例如《乡城骂》："可不是呢今日风大这驴儿走的又慢，你别沏茶那苦喇不激的我不行。""苦喇不激"是清代口语中的一个方言词，词义为苦，"喇不激"是一个类词缀，作用是增强语义。《清蒙古车王府藏子弟书》[①]收录子弟书289篇（其中1篇存目），约100万字，内容丰富，这一章我们把《清蒙古车王府藏子弟书》里的方言词作为京津冀清代说唱文学方言词的代表，用之与《红楼梦》的方言词进行对比。

在苏南有弹词，弹词有"国音""土音"之分，前者用通用语写成，例如陈端生《再生缘》，后者用方言或者夹杂方言写成，例如《珍珠塔》是夹杂方言，说白和唱词根据人物角色和场合，选择使用通用语还是方言。《珍珠塔》第一回："［小丑白］来哉哉，阿爹啥事务？［末白］后日老爷诞日，各人收拾厅堂。"这两句说白，小丑用方言，末用通用语。我们选取《珍珠塔》方言词作为苏南清代讲唱文学方言词的代表，用之与《红楼梦》的方言词进行对比。

把《红楼梦》与车王府子弟书、《珍珠塔》的方言词进行对比，用以探讨《红楼梦》与京津冀清代、苏南讲唱文学方言词的关系。

---

① 北京市民族古籍整理出版规划小组辑校：《清蒙古车王府藏子弟书》（全二册），国际文化出版公司1994年版。

第一节 《红楼梦》与车王府子弟书共有的方言词

对车王府子弟书的方言词汇进行研究的著作不多，主要有陈伟武《车王府曲本语辞选释》①、杨世花《〈清蒙古车王府藏子弟书〉词语研究》②、王美雨《车王府藏子弟书方言词及满语词研究》③，其中王美雨的博士论文是首次全面研究车王府子弟书的方言词，我们以此作为主要参考。经过对比，车王府子弟书与《红楼梦》共有的方言词有以下两种类型，一是完全相同，二是词形有差异，例如有无"儿"尾，由于子弟书记录的讲唱语言，所以儿化现象很普遍，导致子弟书里的儿化词比《红楼梦》多。

在确定两种著作的方言词是否是同一个词的时候，还要排除两种类型：第一种类型是同一个词在《红楼梦》里不是方言词，而在子弟书里是，例如"拉倒"，《红楼梦》第四十八回："也没拉倒用板子棍子，就站着，不知拿什么混打一顿，脸上打破了两处。"这里的意思被拉扯是而倒下。《一匹布》："咱们是好说你要真不答应呵，妇人说可怎么好国栋笑说那们就拉倒咱么看谁吃。"这里的意思是算了、罢了，是口语方言词。第二种类型是《红楼梦》和子弟书用了同一概念的不同名称，例如"鸡蛋/鸡子"，《红楼梦》第六十一回："今年这鸡蛋短的很，十个钱一个还找不出来。"鸡蛋不是方言词。《鸳鸯扣》："鸡子粉汤要去的尽皆用过，喇嘛面一顿又吃饱了家奴。"鸡子是方言词。再比如"斗嘴/拌嘴"，《红楼梦》第五十八回："我不会和人拌嘴。"《造晴雯》："拿不定打牙斗嘴难事，难免偷睛递目人。"

车王府子弟书有许多篇目是演绎《红楼梦》的，有：宝钗产玉、宝钗代绣、椿龄画蔷、二入荣国府、二玉论心、凤姐儿送行、过继巧姐

---

① 陈伟武：《车王府曲本语辞选释》，《古籍整理研究学刊》1989年第4期。
② 杨世花：《〈清蒙古车王府藏子弟书〉词语研究》，硕士学位论文，南京师范大学，2009年。
③ 王美雨：《车王府藏子弟书方言词及满语词研究》，博士学位论文，山东大学，2012年。

儿、何必西厢、会玉摔玉、两宴大观园、露泪缘、埋红品茶栊翠庵、遣晴雯、晴雯赍恨、晴雯撕扇、三宣牙牌令、伤春葬花、双玉听琴、思玉戏鬟、探雯换袄、湘云醉酒、一入荣国府、议宴陈园、玉香花语、醉卧怡红院，共计 27 篇，数量比较大。

《红楼梦》早于车王府子弟书，《红楼梦》的例句直接列出现的回数，子弟书的则直接列篇目名称。方言词按照音序排列。

一　完全相同

1. 挨着：靠着。
那林黛玉只一言不发，挨着贾母坐下。（第三十回）
顺围桌一溜儿摆开排着次序，论品级打头跟二挨着碟儿闻。（《评昆论》）

2. 俺们：我们。
去了金的，又是银的，到底不及俺们那个伏手。（第四十回）
他是俺二人的六世祖，俺们是七辈玄孙他的下梢。（《天台传》）

3. 熬煎：折磨。
如今贾琏在外熬煎。（第二十一回）
说京中大娘心嫉妒，此去难免受熬煎。（《荷花记》）

4. 巴不得：迫切希望。
巴不得又拐两个女孩子去作活使唤。（第七十七回）
终身仰望非同小可，巴不得你一举成名震帝都。（《露泪缘》）

5. 掰：揭穿。
老祖宗喝一口润润嗓子再掰谎。（第五十四回）
也是生前冤孽债，两月的夫妻把脸掰。（《续俏东风》）

6. 摆布：处置。
正要摆布香菱，无处寻隙。（第八十回）
待我前来将他摆布，管叫他登时之间就有气息。（《火云洞》）

7. 摆弄：拨动，把玩。
昨儿是他摆弄了那坠子。（第五十八回）
嫂子将个鱼头儿教奴摆弄，哥哥把个毛刺狼教我托着。（《桃花

岸》)

8. 半晌：许久，好久。

紫鹃忙上来捶背，黛玉伏枕喘息半晌。(第五十七回)

半晌的嫌人哭了声父母，你无主意生生断送了苦命的丫头。(《骂城》)

9. 帮衬：支持或附和别人的说法。

溜你们好上好儿，帮衬着说句话儿。(第六十回)

和春说儿句歪诗还可以，但事到其间要姑娘帮衬替我求谋。(《梅花坞》)

10. 包管：保证。

我包管必料理的开。(第十三回)

卖耗子药的说一包管保六个，卖头饰的说买过的知道戴过的认得露出铜色与我拿回来。(《逛护国寺》)

11. 保不住：说不定，可能。

还保不住带累了旁人。(第七十二回)

两个人未必能久于人世，保不住不向这条路上来。(《续俏东风》)

12. 背地里：暗中，背人处。

便疑平儿素日背地里自然也有愤怨语了。(第四十四回)

到了那阿玛额娘坟前叫大哥大嫂，也不怕看坟的和车夫在背地里薄。(《为票傲夫》)

13. 背晦：脑筋糊涂，做事悖谬。多指老年人。亦谓倒运。

你妈妈再要认真排场他，可见老背晦了。(第二十回)

看神情太太有些不受用，莫不是老人家背晦为亲戚。(《连理枝》)

14. 背人：避开别人。

你只回去背人悄问芳官就知道了。(第五十八回)

背人的东西藏在连三桌内，姑娘的锡罐还有姑爷的尿壶。(《鸳鸯扣》)

15. 㤰懒：无赖，顽皮。

这个宝玉，不知是怎生个㤰懒人物，懵懂顽童？(第三回)

有时节殷勤体贴过于留意，有时节㤰懒歪缠又不近情。(《全悲

秋》)

16. 壁厢：边，旁。

猛不防只听那壁厢桂花树下，呜呜咽咽，悠悠扬扬，吹出笛声来。（第七十六回）

诸事包涵嘴内说着也就要走，这壁厢挽留不住只得留下家奴。（《鸳鸯扣》）

17. 编派：捏造谎言，讥诮别人。

我若再去，连我也编派上了。（第七十四回）

故意搭讪微冷笑，左右是他把奴家编派个不堪。（《翠屏山》）

18. 别个：其他的。

贾政也着实看待，故与别个门生不同。（第三十五回）

杨妃说还有何人同在内，力士说并无别个同梦飞虫。（《絮阁》）

19. 饽饽：面饼、饺子、馒头之类面食。也指用杂粮面制成的块状食物。

我也不饿了，才吃了几个饽饽。（第七十一回）

抽斗内各样的饽饽防他挨饿，叶子烟手纸也不敢疏忽。（《鸳鸯扣》）

20. 不打紧：不要紧，无所谓。

你这一闹不打紧，闹起多少人来，倒抱怨我轻狂。（第三十一回）

顾奴家不打紧，丑名儿怎忍在儿夫头上安。（《翠屏山》）

21. 不犯：不必，用不着。

愿意不愿意，你也好说，不犯着牵三挂四的。（第四十六回）

忙拉住说旧日哥儿们你不犯躲，你也不信我想你常唱盼多情。（《一匹布》）

22. 不消：不需要，不用。

外面诸事不消细述。（第五十八回）

父女们想不起是新亲只当他到，小姨儿不消躲避只在堂屋里站着。（《鸳鸯扣》）

23. 茶汤：茶水。

这金桂便气的哭如醉人一般，茶汤不进，装起病来。（第八十回）

曾记得那年去逛白云观,你一脚踢翻了茶汤摊。(《窃打朝》)

24. 扯臊:胡说,胡扯。

你别扯臊,我又没叫你来,谢你什么!(第四十三回)

谁许你来扯臊,不管人家的火上了房。(《宫花报喜》)

25. 趁早儿:及早,及时。

趁早儿丢开手罢。(第四十七回)

趁早儿将锡器铜器擦洗洗,就是那佛前的帷幔也得另做一条。(《续花别妻》)

26. 称心:遂心适意。

芳官十分称心。(第六十三回)

那时节摔碎铁马方消恨,打死毛虫方称心。(《投店连三不从》)

27. 成天家:一天到晚。

成天家疯疯颠颠的,说话人也不懂,干的事人也不知。(第六十六回)

成天家瞒哄也不成事体,到惹的终日闹拨杂。(《露泪缘》)

28. 吃亏:遭受损失。

必定当着老大人说了出来,公子岂不吃亏?(第三十三回)

吃亏是小姨小舅不能巴竭。(《鸳鸯扣》)

29. 尺头:绸缎衣料。

只怕展眼又打发女人来请安,预备下尺头。(第五十六回)

这个是你要的西纱还有尺头两个,五十两纹银一总包。(《过继巧姐儿》)

30. 出挑:犹出众;长成。多用指男女青春期体态、容貌、智能等。

彩霞那孩子这几年我虽没见,听得越发出挑的好了。(第七十二回)

到而今虽是出挑的模样儿好,谁不知通房使用这几春。(《遣春梅》)

31. 厨下:厨房。

跟的两个小厮都在厨下和鲍二饮酒。(第六十五回)

厨下就是尽头路，想会高人万万难。(《全扫秦》)

32. 跐：踏，踩。

跐着那角门的门槛子。(第三十六回)

都是那该死的苍苔掇弄我，一跐脚跟儿未站牢。(《梅花坞》)

33. 凑巧：偶合，正好。

凑巧而已。(第五十回)

他的脾气儿真真古怪，稍省点工夫他也是不依，又说道恰好姑娘来的凑巧，我到外面要去取件东西。(《宝钗代绣》)

34. 凑趣儿：投合别人的兴趣，使人高兴。

又有二奶奶在旁边凑趣儿，夸宝玉又是怎么孝敬，又是怎样知好歹。(第三十七回)

越没钱儿儿哭女叫要吃糖豆，凑趣儿坑人的炉子火偏乏。(《厨子叹》)

35. 促狭：捉弄人，恶作剧。

促狭小蹄子！糟蹋了花儿，雷也是要打的。(第五十九回)

史太君观瞧刘姥姥被人搓弄，吆喝到促狭到底是年轻。(《两宴大观园》)

36. 促狭鬼：爱恶作剧的人。

这促狭鬼，果然留下好的。(第七十六回)

纵使他正言厉色相阻拒，那促狭鬼行事更约薄。(《风流公子》)

37. 打点：准备。

临安伯老太太生日的礼已经打点了，派谁送去呢？(第七回)

一壁里开箱倒笼忙打点，小玉儿忙款金莲替找寻。(《遣春梅》)

38. 担待：原谅。

我当着你大奶奶姑娘们替你赔个不是，担待我酒后无德罢。(第四十五回)

莫不是奴家也有不周处，还要郎担待不必搜求。(《青楼遗恨》)

39. 当院：院子里。

然后又抬了许多雀笼来，在当院中放了生。(第七十一回)

这一日正在娇嗔当院卧，在宝玉床头睡正浓。(《晴雯撕扇》)

40. 档子：量词。用于成组的曲艺杂技等。

现叫奴才们找了一班小戏儿并一档子打十番的，都在园子里戏台上预备着呢。（第十一回）

而前有一挡子莲花落，见座上许多搽胭抹粉的人。（《逛护国寺》）

41. 倒是：副词。表示同一般情理相反，犹言反而，反倒。

倒是我的凤姐儿向着我，这说的很是。（第四十三回）

观主说小徒性暴吃亏了左，倒是条天生慈善的好心肝。（《玉簪记》）

42. 点心：糕饼之类的食品。

两旁丫鬟们答应了，忙去传点心。（第六十二回）

内造的点心样样儿都有，吃年茶摆摆碟儿显着花哨。（《过继巧姐儿》）

43. 吊猴：掉唇弄舌。

三日两日，又入鬼吊猴的。（第四十六回）

终日里在外闲游无正事，到晚来醉眼乜斜与奴吊猴。（《烧灵改嫁》）

44. 顶梁骨：头顶的顶骨。

鲍二家的听了这句，顶梁骨走了真魂，忙飞进报与尤二姐。（第六十八回）

武行者宾铁刀挥车臂力，照着那顶梁骨刹一声跑。（《蜈蚣岭》）

45. 兜肚：挂束在胸腹间的贴身小衣。

一面又瞧他手里的针线，原来是个白绫红里的兜肚。（第三十六回）

酒吃几壶足余外兑账，军爷呀你摸摸兜肚行不行。（《游龙传》）

46. 短命鬼儿：詈词。

短命鬼儿，你一般有老婆丫头，只和我们闹。（第六十三回）

也不知求了哪一个短命鬼儿，写的封套儿太庄严。（《假老斗叹》）

47. 短：缺少。

粳米短了两石，常用米又多支了一个月的。（第六十二回）

自然是一路喧阗来回都把包儿给，但是那女家清冷虎喇巴就短了一

人。(《鸳鸯扣》)

48. 多嘴：不该说而说，多说。

你别嗔着我多嘴。(第六回)

我姐姐听见就打我，还骂我多嘴混嚼舌。(《露泪缘》)

49. 恶心：有呕吐的感觉。

这男人只得给他舔，未免恶心要吐。(第七十五回)

喝醉了一递一声儿伸着脖子吐，恶心的他咧着嘴像吃了耗子油！(《桃花岸》)

50. 耳刮子：耳光。

便走上来打耳刮子。(第五十九回)

看奴老大的耳刮子把你打，阇黎说但请心肝任意儿扇。(《翠屏山》)

51. 耳旁风：比喻听了不放在心上的话。

我平日和你说的，全当耳旁风。(第八回)

任凭闫婆说破口，婆惜只当耳旁风。(《坐楼杀惜》)

52. 乏：累。

晴雯笑着，倚在床上说道："我也乏了，明儿再撕罢。"(第三十一回)

麝月说可不他今并未撕折手，晴雯笑说我也撕乏就扶在窗横。(《晴雯撕扇》)

53. 烦难：复杂困难，不容易。

殊不知我们这里说不出来的烦难。(第七十一回)

说的个公子情急只发怔，他的那委屈烦难填满胸。(《全悲秋》)

54. 犯不上：不值得。

这会子犯不上呲着人借光儿问我。(第二十二回)

齐嚷道是什么新书也赏我们看看，也犯不上独自一人这样的珍藏。(《捐纳大爷》)

55. 方才：时间刚过去不久，适才。

方才使了他往前头去了，你且等他一等。(第六十一回)

因把他方才的故事从头说一遍，怒恼了安人骂歪拉。(《凤鸾俦》)

56. 方儿：方子，方剂，药方。

不知是什么海上方儿？（第七回）

只恨一张粗拱嘴，没一个方儿掇弄他。（《高老庄》）

57. 疯魔：犹疯癫。

平儿疯魔了。这蹄子认真要降伏我，仔细你的皮要紧！（第二十一回）

搭讪着问老爷欠安在何处？硬瞅着佳人倒像是有了疯魔。（《鸳鸯扣》）

58. 该当：应该，应当。

明日还是节下，该当早起。（第二十二回）

谁家没有大妻小妾，就是那通房侍婢理该当。（《絮阁》）

59. 敢自：敢情，自然，当然。

倘或往学里告去挨了打，你敢自不疼呢？（第六十回）

敢自你暗含着竟拉皮条纤，怪不得小子你冒猛的宽绰望死里花钱。（《须子论》）

60. 哥儿：对男孩儿的称呼。

你这哥儿也跟着你们老太太？（第五十六回）

那哥儿点头说啊真来的算，怪不得儿啊又是围桌又是红毡。（《须子论》）

61. 各别：各自分别，各不相同。

厮见毕归坐，细看形容，与众各别。（第三回）

大舍说问我时辰是正午，他到说甲午时辰这八字各别。（《凤鸾俦》）

62. 各人：各个人，每个人。

他们各人出了阁，难道还要你赔不成？（第四十五回）

目今天下英雄广，各人自有各人能。（《十问十答》）

63. 各色：各种各样。

一个上头设着茶筅茶盂各色茶具。（第三十八回）

抬举他居然自负先生号，恐将来茶资各色改变修金。（《评昆论》）

64. 硌：触着硬物使人觉得难受或受到损伤。

妈妈很嚼不动那个，倒没的硌了他的牙。（第十六回）

只恐皮脸村俗硌了手，闪着了玉腕罪叫谁担。（《翠屏山》）

65. 够：谓手等达到，触及。

黛玉便够上来要抓他。（第五十七回）

那花枝儿你够不着我来替你，书呆子一够花枝儿晕了一跤。（《梅花坞》）

66. 咕咚：象声词。

不防底下果踩滑了，咕咚一跤跌倒。（第四十回）

姥姥你先上中厕走走去，怕的是车上咕咚路远途遥。（《过继巧姐儿》）

67. 咕嘟：形容嘴巴噘着、鼓起。

当下小蝉也不敢十分说他，一面咕嘟着去了。（第六十回）

骂的个春花儿咕嘟着嘴，困眼蒙眬满打世家抓。（《盗甲》）

68. 孤拐：颧骨。

高高孤拐，大大的眼睛，最干净爽利的。（第六十一回）

两孤拐隐隐发红等果颜色，争酒窝一边一个真正的长了个使得。（《鸳鸯扣》）

69. 姑奶奶：娘家称已经出嫁的女儿。

刘姥姥在地下已是拜了数拜，问姑奶奶安。（第六回）

刘姥姥着急说不可，姑奶奶你看我这身名是囫囵村。（《二入荣国府》）

70. 古板：固执守旧，不灵活。

不免迂腐古板。（第十七回）

想才郎本是个达变通权士，不似那愚直古板男。（《荷花记》）

71. 鼓捣：拨弄，反复摆弄。

一坛酒我们都鼓捣光了。（第六十三回）

早饭后忙着收拾针线帖，零碎的包囊儿鼓捣了半天。（《鸳鸯扣》）

72. 褂子：中式的外衣。

一面说，一面脱了褂子。（第四十九回）

团龙的褂子却是新银鼠，川白色的围脖儿是素剪绒。（《俏东风》）

73. 怪不得：表示明白了原因，对发生的某种事情就不觉得奇怪。

怪不得老太太疼你，众人爱你伶俐，今儿我也怪疼你的了。（第四十二回）

明与罗成私有意，怪不得话头儿只往那头儿漂。（《马上联姻》）

74. 管保：准保，保证。

等这件事出来，我管保叫芸儿管这件工程。（第二十三回）

国栋摇头说硬砍石凿管保得贺，但则一件事成了怎么样我也听听。（《一匹布》）

75. 管教：约束教导。

若果然不成人，且管教他两日，再给他老婆不迟。（第七十二回）

我虽然时常儿管教都说破了嘴，他桦皮脸骂也不羞打也不疼。（《乡城骂》）

76. 光景：a. 情况，景况。b. 光阴，时光。

a1 眼见已是两个月光景。（第六十五回）

a2 多亏了袭人想起方才光景，说必是失迷了路径到我家中。（《醉卧怡红院》）

b1 今见宝玉如此光景，心中便觉察一半了。（第六回）

b2 昨夜晚说我的言词那等刻苦，今日个待吾的光景这样殷勤。（《得票傲妻》）

77. 逛逛：外出散步，闲游，游览。

你且别处逛逛去，估量着去了再来。（第四十六回）

我出来逛逛就将你们碰见，真他娘地丧气这会儿我无主意去到哪边。（《玉香花语》）

78. 滚热：形容非常热。

我家里烧的滚热的野鸡，快来跟我吃酒去。（第二十回）

滚热的被窝儿正好睡觉，耽误了美寝岂不叫人皱眉。（《鸳鸯扣》）

79. 聒噪：说话琐碎，声音喧闹，令人烦躁。

我实在聒噪的受不得了。（第四十九回）

这公子懒观武戏嫌聒噪，一心要寻找书童小茗烟。（《玉香花语》）

80. 哈气：即哈欠。人体血液中二氧化碳增多，刺激脑部的呼吸中枢而引起的一种生理现象。打哈欠时不自觉地张嘴深吸气，然后呼出。

麝月翻身打个哈气。（第五十一回）

我从来上街不把钱来带，你算是临死的哈气气柱张。（《风流词客》）

81. 害臊：害羞。

还有脸先要五十两银子，真不害臊！（第五十回）

阿哥倒依实佳人却十分害臊，免不了新人的常套泪珠滴。（《鸳鸯扣》）

82. 寒毛：人体皮肤上的细毛。

拔一根寒毛比咱们的腰还粗呢。（第六回）

洗净了花容三姓人先绞九线，然后把寒毛绞净又用鸡子轻推。（《鸳鸯扣》）

83. 汉子：俗称丈夫。

一个女儿嫁了汉子，要当忘八，他不伤心呢？（第二十八回）

扎裹了老婆又缝拴汉子，就是小孩儿孝顺爹妈还给个好话儿吃。（《桃花岸》）

84. 好生：用心，当心。

也该趁早儿请个大夫来，好生开个方子。（第七回）

说放心罢娘啊好生将息，等奴家亲往西天走一回。（《探塔》）

85. 合该：理应，应当。

竟是合该媳妇的病在他手里除灾亦未可知。（第十回）

杏儿无奈哭回去，合该是有限婚姻缘分儿绝。（《俏东风》）

86. 合式：合意，满意。

况且湘云没来，颦儿刚好了，人人不合式。（第四十九回）

驴字儿虽则不敢自居合式，要不信干娘你亲身用拃量。（《挑帘定计》）

87. 哼哼：形容声音微细或低语貌。

难道必定装蚊子哼哼就是美人了？（第二十七回）

小兄弟们俱各企望高下手，撒娇儿围着章京屁股哼哼。（《少侍卫叹》）

88. 哼哼唧唧：形容说话装模作样，拿腔拿调。也形容生病时的呻吟声。

拿着腔儿，哼哼唧唧的，急的我冒火。（第二十七回）

这几日那个书生也带病，一天价嗐声叹气哼哼唧唧。（《梅花坞》）

89. 横三竖四：有的横，有的竖，杂乱无章。形容纵横杂乱。

只见外间床上横三竖四，都是丫头们睡觉。（第三十六回）

又说到往前些儿待我打扮你，说话间横三数四满头的红黄。（《议宴陈园》）

90. 胡话：神志不清时所说的话。

满口乱说胡话，惊怖异常。（第十二回）

腰眼放屁说胡话，细听了听是姜须作梦睡昏沉。（《送枕头》）

91. 胡闹：行动没有道理，胡吵瞎闹。

你也忒胡闹了，可作什么来呢！（第十九回）

讹人的人究竟都是胡闹，胡闹的人真正是胡说。（《玉簪记》）

92. 花子：指乞丐。

那里找这一群花子去！（第五十回）

齐人抢步忙跪倒，说太爷们哪可怜我现世的花子三日无食眼冒金花。（《齐人有一妻一妾》）

93. 荒唐：犹荒诞。谓思想、言行不符合常理人情，使人感到离奇。

说起根由虽近荒唐，细按则深有趣味。（第一回）

他笑说道方才说嘴就打了嘴，果然那姑娘的话儿不荒唐。（《议宴陈园》）

94. 会子：一段不很长的时间。

才在这里几个人斗草的，这会子不见了。（第六十二回）

须子说许足他们吗我们将才还瞧了会子热闹，你那请啵跑堂儿的转步那哥儿就发了烦。（《须子论》）

95. 晦气：不吉利，倒霉。

姑娘倒寻上我的晦气。（第三十一回）

书生说忍个晦气罢重看看，夫人忙唤女孩儿。（《咤美》）

第五章 《红楼梦》与京津冀清代讲唱文学方言词的关系　　113

96. 荤腥：指有辛味的菜和鱼肉等食物。后专指鱼肉等食物。

过百日方许动荤腥油面等物，方可出门行走。(第七十九回)

玉娥儿含情儿一笑说日头儿待落，别去罢吃些儿便饭可没有荤腥。(《桃花岸》)

97. 混：闹，扰乱。

我何尝不要送信儿，只因冯世兄来了，就混忘了。(第二十六回)

若被他知觉机就不美，我不免另想个方法儿混混此婆。(《盗甲》)

98. 活计：特指裁缝、刺绣等工作或技艺。

他二姨娘三姨娘都和丫头们作活计。(第六十三回)

这小娘子一手绝妙的活计又会吹弹歌舞，也是受过排场儿大家子的姑娘。(《挑帘定计》)

99. 饥荒：犹麻烦，纠纷。

天好早晚了，我们也去罢，别出不去城才是饥荒呢。(第三十九回)

春花说不去陪他怎么样，鸦儿说凿定了饥荒要定了。(《鸦儿训妓》)

100. 记挂：惦念，挂念。

二则还记挂着我的屋子，还得在园里旧房子里住得三五天，死也甘心了。(第八十回)

姑娘是一时睡着他心中岂不记挂，别哭了看你女婿前来心里各盈。(《鸳鸯扣》)

101. 家伙：器具。

可别使人家的铺盖和梳头的家伙。(第五十一回)

稳轿钱早已打发怕是喧嚷，家伙都藏过只留下筷子二根。(《鸳鸯扣》)

102. 家去：回家。

家去歇着罢，没有什么大事。(第七十一回)

勉强说晚饭要早姑娘今日家去，住久了千万别叫太太烦。(《鸳鸯扣》)

103. 将就：勉强。

石头冷，这是极干净的，姑娘将就坐一坐儿罢。（第五十五回）

拿过来说两件东西将就着换，别争竞了常过来常过去留个交情。（《苇连换笋鸡》）

104. 将息：养息，休息。

只说过了一月，凤姐将息好了，仍交与他。（第五十五回）

许宣说想是娘子要分挽，且到我姐夫家中将息几天。（《雷峰塔》）

105. 叫唤：叫，呼唤。

再这么我就叫唤。（第十五回）

春香说是怎样的声音儿你叫唤叫唤，好师傅你照样儿学来我们快活快活。（《闹学》）

106. 解手：大小便。

宝玉出席解手。（第二十八回）

天子解手已毕将屋进，见他方盘托定不由心内起怜惜。（《游龙传》）

107. 精光：净尽，一无所有。

赤条精光赶着香菱踢打了两下。（第八十回）

往人说刚才还有一壶这话我不信，瞧了瞧壶中无酒果是精光。（《游龙传》）

108. 精细：精明能干。

渐觉探春精细处不让凤姐，只不过是言语安静，性情和顺而已。（第五十五回）

乱军中生擒逆侄阿里雅，先差那精细能员解进京。（《张格尔造反》）

109. 拘管：管束，监督。

父母亦不能十分严紧拘管。（第十九回）

我们一把儿睄他雏嫩无拘管，引诱他吃喝嫖赌也难讲良心。（《一匹布》）

110. 开交：了结，罢休。

认儿子不是好开交的呢。（第二十四回）

终不成跪至来年将春打，你要怕连累了元宝咱们俩早开交。（《游

龙传》)

111. 堪堪：渐近，渐渐。

堪堪又是一载的光阴。(第二回)

行囊儿雨盖堪堪重，力气儿单薄渐渐微。(《哭城》)

112. 看承：看待，对待。

二十年前，他们看承你们还好。(第六回)

贵妃发怒说真可恼，怎把我与别人一样看承。(《絮阁》)

113. 看看：估量时间之词。有渐渐、眼看着、转瞬间等意思。

看看的一月，士隐先就得了一病。(第一回)

细条条的身子儿看看改，薄怯怯的胸脯儿渐渐浮。(《拷红》)

114. 可不是：答人之语。表示附和、赞同之意。

可不是这话！将来还有三四位姑娘，还有两三个小爷，一位老太太，这几件大事未完呢。(第五十五回)

可不是呢今日风大这驴儿走的又慢，你别沏茶那苦喇不激的我不行。(《乡城骂》)

115. 可着：谓在某个范围不增减，尽着。

如今都是可着头做帽子了，要一点儿富余也不能的。(第七十五回)

他说我要可着院子定打一分天棚架，挖柱橡檩俱要镀金。(《逛护国寺》)

116. 坑：陷害。

真坑死人的事儿！(第七回)

南朝缺少忠良将，坑的我昭君进野营。(《出塞》)

117. 快快：赶快。

一笔别错，快快添上。(第五十回)

秋娘说方才教我先走这不是空子？快快的实说饶了你这狐媚子精。(《梅花坞》)

118. 快手：旧时衙署中专管缉捕的差役。

只见军牢快手，一对一对的过去。(第一回)

得便中拿拿风子铃称快手，瞅空子换换中衣便觉爽然。(《花木

兰》)

119. 款款：徐缓貌。

独凤姐款款站了起来。（第十三回）

宝玉合茗烟出离了书房的小院，一壁取款款而行慢慢商量。（《玉香花语》）

120. 诓骗：欺骗，骗取。

要不是他经管着，不知叫人诓骗了多少去呢。（第三十九回）

不料这老贼图财顿起诓骗意，捏报说冯生半路命已休。（《双官诰》）

121. 亏了：幸亏、亏得的反说，表示讥讽。

亏你是进士出身，原来不通！（第二回）

亏了我一片花言将我放，给了我的银两定放我回程。（《李逵接母》）

122. 癞蛤蟆：比喻丑陋的人。

癞蛤蟆想吃天鹅肉。（第十一回）

你就该低定头儿出死力，癞蛤蟆指望樱桃树上蹿。（《翠屏山》）

123. 懒怠：不想做，没兴趣。

便是各人的主子懒怠去，他也百般撺掇了去。（第二十九回）

多管是催红依翠把风流逞，到今日困眼迷离懒怠挣。（《絮阁》）

124. 烂：指食物煮得很熟后的松软状态。

说有好吃的要几样，还要很烂的呢。（第十一回）

烂些儿的食物还降得动，略硬些的东西就囫囵吞。（《二入荣国府》）

125. 廊檐：廊顶突出在柱子外边的部分。

众丫鬟都在廊檐底下站着呢。（第二十三回）

上廊檐舔破窗棂往里看，见徐夫人嗷着老爷顽笑在那里嗑打牙。（《盗甲》）

126. 浪：风骚，淫荡。

那媳妇越浪，贾琏越丑态毕露。（第二十一回）

千思万想此恨难消我只得亲赴山东将他见，我倒要睄睄是怎么样的

一个招风的浪老婆。(《何必西厢》)

127. 牢：坚固，牢固。

用茶杯口大的一个竹弓钉牢在背面。(第五十二回)

都是那该死的苍苔摄弄我，一趿脚跟儿未站牢。(《梅花坞》)

128. 痨病：结核病。亦专指肺结核。

那里就得痨病了。(第五十三回)

夫人怕你成痨病，谁成望女孩儿守寡把日头熬。(《梅花坞》)

129. 老成：稳重，持重。

他不老成，仔细打了碗，让我吹罢。(第五十八回)

装束得老成样子绝无孩气，打扮的寻常一派并不新鲜。(《花木兰》)

130. 老早：很早，甚早。

有什么不了的事？老早的完了。(第三十三回)

只见他乱挽乌云也未梳洗，进门说叫他们睡会你老早的就来催。(《鸳鸯扣》)

131. 冷不防：预料不到，突然。

晴雯便冷不防欠身一把将他的手抓住。(第五十二回)

冷不防国栋进起揪衣领，说咱们县里去打咱拐带的官司别想私完。(《一匹布》)

132. 脸面：面孔。

第二个削肩细腰，长挑身材，鸭蛋脸面(第三回)

脸面局着方说开了，气得我浑身乱战自咬牙。(《鹁儿训妓》)

133. 了不得：表示程度深。

王夫人命人好生送了宝玉回房去后，袭人等见了，都慌的了不得。(第二十五回)

自言自语的越墙儿去，唬的徐奶奶体似筛糠说了不得呀这可了不得。(《盗甲》)

134. 料理：安排，处理。

帮着料理些家务。(第二回)

贾母在那边料理迎亲车，各样张罗撺不开。(《露泪缘》)

135. 灵透：聪明，机敏。

好个灵透孩子，他也跟着老太太打趣我们。（第五十四回）

全仗他眼珠儿灵透择佳婿，呀我瘦成鬼态减魁光。（《梅花坞》）

136. 另日：他日，别的日子。

另日再挑个好媳妇给你。（第四十四回）

全没有泪眼愁眉剪直的把车上，只说是阿玛回去我另日来请安。（《鸳鸯扣》）

137. 抡：指挥动着东西打过去。

贾菌如何忍得住，便两手抱起书匣子来，照那边抡了去。（第九回）

公吃饭越不叫他还钱他偏说是冤我，同喝酒越让他多喝他偏说是把我抡。（《侍卫论》）

138. 落草：谓婴儿出生。

落草时是从他口里掏出来的。（第三回）

哪有个落草的孩儿就将酒卖？这不过是顺口儿称。（《游龙传》）

139. 麻绳：麻制的绳。

他便将一条麻绳悄悄的自缢了。（第十六回）

梁冀闻听说给我拿下，把先生的二背就上了麻绳。（《渔家乐》）

140. 毛毛虫：体上多毛的蝶、蛾类幼虫，如松毛虫、桑毛虫等。

大火烧了毛毛虫。（第四十回）

这妈儿正要回言听院中咳嗽，攥着毛毛虫摆尾摇头走进了亲家公。（《乡城骂》）

141. 冒撞：冒失莽撞。

想是我才冒撞冲犯了你？（第十九回）

愚夫昏头多冒撞，夫妻吵闹看外人疑。（《老侍卫叹》）

142. 乜斜：眼睛眯成一条缝。

金钏儿坐在旁边捶腿，也乜斜着眼乱恍。（第三十回）

嬉皮笑脸实难看，两眼乜斜话语粘。（《翠屏山》）

143. 名姓：即姓名。

说着又想名姓。（第三十九回）

第五章 《红楼梦》与京津冀清代讲唱文学方言词的关系　　119

上马石坐着高年两个老汉，走近前自将名姓说根苗。(《天台传》)

144. 磨牙：费口舌，无意义地争辩。

满屋里就只是他磨牙。(第二十回)

又念这场大事全亏了你，万千别和我磨牙。(《梅花坞》)

145. 拿大：摆架子，看不起人。

他们家的二小姐着实响快，会待人，倒不拿大。(第六回)

知道的说你们怯官羞见面，不知的反说是我们拿大不理人。(《二入荣国府》)

146. 那们：表示顺着上文的语意，申说应有的结果。

眼见有婆婆家了，还是那们着。(第三十一回)

小佳人红晕桃腮说那们你就滚，小学生说啊我去拉他呀看着你骑。(《续戏姨》)

147. 奶母：乳母。

又见奶母正抱了英莲走来。(第一回)

强自个拈花问柳情无限，围随着奶母丫鬟人一群。(《旧院池馆》)

148. 年下：谓将过农历新年的时候。

我们乡下人，到了年下，都上城来买画儿贴。(第四十回)

有心要把年下的春联说一句，只恐怕本主儿摇头把我干(赶)开。(《灯谜会》)

149. 牛心：喻性格执拗。

天生的牛心古怪。(第二十二回)

莫牛心身子靠在我胸儿上，身子儿贴实才好描。(《意中缘》)

150. 怄气：闹情绪，生气。

我就记了再不怄气。(第二十六回)

终日里哭丧着脸撅着嘴倒像与谁来怄气，吹着胡子瞪着眼胡充哪家的大王。(《游园寻梦》)

151. 抛闪：丢弃，舍弃。

一帆风雨路三千，把骨肉家园齐来抛闪。(第五回)

莫不是水性杨花她心改变，抛闪了前夫改嫁了男。(《长随叹》)

152. 偏生：偏偏。表示实况同所希望的正相反。

你这会子又弄个雀儿来，也偏生干这个。(第三十六回)

没奈何只得安心来住下，他婆婆偏生许下叫住八天。(《鸳鸯扣》)

153. 撇下：丢开，抛弃。

贾蓉撇下他姨娘，便抱着丫头们亲嘴。(第六十三回)

说是娘啊你撇下孩儿好几载，好狠哪忍把亲生竟弃捐。(《双官诰》)

154. 破着：拼，豁出。

须得大家破着大闹一场，方争过气来。(第六十回)

破着这条老命拼了罢，不强如病死床头没世无闻。(《花木兰》)

155. 漆黑：谓极暗无亮光。

头上绾着漆黑油光的纂儿。(第八回)

瘦影儿雪白的庞儿漆黑的发，翠黛的眉儿玉亮的牙。(《藏舟》)

156. 气性：特指容易生气或生气后一时不易消除的脾气。

我但凡有气性，早一头碰死了！(第七十四回)

你是个有气性的男儿性如烈火，奴是个无心的女子气似柔绵。(《翠屏山》)

157. 千万：犹务必。表示恳切叮咛。

你只管耐些烦儿，千万别自己熬煎出病来。(第五十七回)

勉强说晚饭要早姑娘今日家去，住久了千万别叫太太烦。(《鸳鸯扣》)

158. 嗲：贬称人说话。

才丢了脑袋骨子，就胡嗲嚼毛了。(第七十五回)

满嘴里浑嗲嚼毛连声冷笑，平白的扎煞着鼻翅子把眉拉。(《卖刀试刀》)

159. 清钱：即青钱，青铜钱。

外有清钱五百串，是赐厨役、优伶、百戏、杂行人丁的。(第十八回)

这是清钱五百整，买些个酒肉糕点饽饽。(《玉簪记》)

第五章 《红楼梦》与京津冀清代讲唱文学方言词的关系

160. 擎：举起，向上托。

那和尚接了过来，擎在掌上。（第二十五回）

太夫人勃然大怒说书何在？元直说有跪爬半步擎着封筒请老太太观瞧。（《徐母训子》）

161. 亲家：两家儿女相婚配的亲戚关系。

他亲家只是笑，不还言。（第四十一回）

这妈儿正要回言听院中咳嗽，攥着毛毛虫摆尾摇头走进了亲家公。（《乡城骂》）

162. 雀儿：泛指小鸟，鸟。

在回廊上调弄了一回雀儿。（第二十六回）

看起来笨雀儿先飞多多卯劲，若海河号一步来迟赶上不能。（《官衔叹》）

163. 人家：对人称自己。

黛玉坐在床上，一面抬手整理鬓发，一面笑向宝玉道："人家睡觉，你进来作什么？"（第二十六回）

画稿时递笔一旁听人家回事，糊涂着自画三堂去转九城。（《銮仪卫叹》）

164. 绒线：刺绣用的丝线。

还有四块包头，一包绒线，可是我送姥姥的。（第四十二回）

怎就不做几个荷包儿与姐夫带，就便是使点子线线能值几何。（《调春戏姨》）

165. 揉搓：搓挪。

把个尤氏揉搓成一个面团，衣服上全是眼泪鼻涕。（第六十八回）

这八戒便将行者盘膝坐，向胸膛两手揉搓有片时。（《火云洞》）

166. 肉皮儿：人的皮肤。

把那孩子拉过来，我瞧瞧肉皮儿。（第六十九回）

这会儿灯光掩映真丰彩，越觉得肉皮儿稀嫩身子儿整齐。（《游龙传》）

167. 晌午：正午。

至晌午，贾母便回来歇息了。（第八回）

说是初次回家别叫你婆婆不喜,老科例未交晌午就要回程。(《鸳鸯扣》)

168. 少时:不久,一会儿。

少时薛宝钗赶来,愈觉缱绻难舍。(第三十六回)

命奴才押着驮子先回家中来送信,也不过少时就到快些整办杯肴。(《续花别妻》)

169. 生分:冷淡,疏远。

今儿我出个新法子,又不生分,又可取笑。(第四十三回)

并非奴的嘴不稳有亏天理说这生分话,可你是谁呢这些个原故我也不便瞒着。(《千金全德》)

170. 生怕:犹只怕,唯恐。

那宝玉的情性只愿常聚,生怕一时散了添悲。(第三十一回)

生怕学庸皮儿太厚,又是鸢飞例鱼跃例闹我个头昏。(《梅花坞》)

171. 生生:活活,硬是。

今日芦雪庵遭劫,生生被云丫头作践了。(第四十九回)

佳人说必是君家说什么歹话,生生屈死苦命红妆。(《续俏东风》)

172. 生疼:发疼,很疼。

我才扫了个大园子,腰腿生疼的,你叫个别的人去罢。(第六十回)

打的我火星乱冒爆金花滚,到如今还是嘴巴子生疼不敢摸。(《露泪缘》)

173. 事体:体制,体统。

荣府中凤姐儿出不来,李纨又照顾姊妹,宝玉不识事体,只得将外头之事暂托了几个家中二等管事人。(第六十三回)

成天家瞒哄也不成事体,到惹的终日闹拨杂。(《露泪缘》)

174. 收拾:整理,整顿。

仍命人忙忙的收拾紫菱洲房里,命姊妹们陪伴着解释。(第八十回)

咱们来收拾灯虎归着钉子,都把那猜下的条儿往怀内揣。(《灯谜会》)

175. 受用：舒适。

他比老太太还受用呢，问他作什么！（第八回）

穷秀才到此天地真受用，犹如平步上青天。（《雷峰塔》）

176. 熟：深知，熟悉。

倒象在那见过一般，何等眼熟到如此！（第三回）

薇香在一旁流恸泪，崔公一见更心熟。（《何必西厢》）

177. 数落：不住地述说。

只听山坡那边有呜咽之声，一行数落着，哭的好不伤感。（第二十七回）

冷落叔叔不打紧，惹的他絮絮叨叨数落咱。（《翠屏山》）

178. 耍钱：赌博。

别耍钱吃酒，放倒头睡到大天亮。（第六十三回）

说众卿有帐出班来算，无事回家去耍钱。（《窃打朝》）

179. 水牌：临时记事用的漆成白色或黑色的木牌或薄铁牌，因用后以水洗去字迹可以再写，故称。

把天下所有的菜蔬用水牌写了，天天转着吃。（第六十一回）

下台阶朝东走见吉顺斋饽饽摊子面前摆，他说照水牌每样儿与我包上一斤。（《逛护国寺》）

180. 顺口：（食品）适合口味。

这几样细米更艰难了，所以都可着吃的多少关去，生恐一时短了，买的不顺口。（第七十五回）

滑溜溜的蒜丝儿多顺口，颤魏魏的素扣子不沾牙。（《高老庄》）

181. 说嘴：耍嘴皮子；吹牛。

说嘴打嘴，现世现报在人眼里。（第七十四回）

打嘴他笑说道方才说嘴就打了嘴，果然那姑娘的话儿不荒唐。（《议宴陈园》）

182. 撕罗：排解。

还不快作主意撕罗开了罢。（第九回）

林黛玉又是可怜又是可笑，说快快明言我替你撕罗。（《露泪缘》）

183. 素：白色，无色。

今儿一早起来，又要素衣裳穿。（第四十三回）

就是腰间有点儿素，也不该饶不花钱还咒我要停床。（《风流词客》）

184. 通共：共计，一共。

一年通共算起来，也有四五百银子。（第四十五回）

席片子上面点软翠，你快打算通共该用多少纹银？（《逛护国寺》）

185. 突突：象声词。

心内早突突的跳起来了。（第七十七回）

脸一红步伐早已无着落，心里头突突的乱跳实在不安。（《票把儿上台》）

186. 土炕：北方人用土坯或砖砌成的睡觉用的长方台。上面铺席，下面有孔道，跟烟囱相通，可以烧火取暖。

一眼就看见晴雯睡在芦席土炕上。（第五十一回）

我乡间人人土炕上滚钉板，似这等上好的绒线可那处寻。（《二入荣国府》）

187. 外厢：正屋两边的房屋，厢房。

薛蟠此时一般难信以两顾，惟徘徊观望于二者之间，十分闹的无法，便出门躲在外厢。（第八十回）

这外厢少游又把二封看，原来是小妹粗诗信口诌。（《三难新郎》）

188. 绾：盘绕成结。

只见一个女孩子蹲在上，手里拿着根绾头的簪子在地下抠土。（第三十回）

乌云儿一半儿蓬松一半儿绾，骨拐儿一个儿白来一个儿红。（《全悲秋》）

189. 王八：詈词。

别说你们这一起杂种王八羔子们！（第七回）

这样炎天谁去做，待那些王八兔子一窝拖。（《顶灯》）

190. 枉自：徒然，白白地。

枉自温柔和顺，空云似桂如兰。（第五回）

咱既被这怨鬼厮缠料也难逃冥谴,悔不该商同另嫁枉自徒劳。(《双官诰》)

191. 倭瓜:南瓜。一年生草本植物,茎蔓生。亦指这种植物的果实。

花儿落了结个大倭瓜。(第四十回)

这枝花难道就常开不落,落了时无非结个老倭瓜。(《三宣牙牌令》)

192. 乌龟:讥称妻有外遇的人。

女儿悲,嫁了个男人是乌龟。(第二十八回)

说老乌龟你就会在家中吹妻子,到底儿哪是你的准衣食?(《老侍卫叹》)

193. 稀烂:极乱,破碎到极点。

把这醋罐打个稀烂,他才认得我呢!(第二十一回)

西口儿外稀烂的吊子闹他一个,再乐他一对大双皮。(《老侍卫叹》)

194. 稀破:犹极破。

那庙门却倒是朝南开,也是稀破的。(第三十九回)

你瞧我这稀破的汗褐套着单褂裍,奔七十的人咧到底没有爷们泼皮。(《老侍卫叹》)

195. 细腻:细密,精细。

想来这一段故事,比历来风月事故更加琐碎细腻了。(第一回)

春香说既是君子他们又求淑女,其中细腻费搬驳。(《闹学》)

196. 细挑:细长而苗条。

细挑身材,容长脸面。(第二十六回)

俏生生浪子的一身骨头儿细挑,娇滴滴女孩儿一样脸皮儿风流。(《意中缘》)

197. 下作:卑鄙下流。

不得好死的下作东西。(第三十六回)

峙节说谢仪在此也值得这样,你连句顽笑话儿也不懂了好个下作人。(《续钞借银》)

198. 宪书：即历书。

还要一句时宪书上的话。（第六十二回）

在坑上蹲着唱奇闻三矮，拿着本子宪书唱扣窑。（《为票傲夫》）

199. 消闲：谓闲暇无事。

等两日消闲了些，咱们痛回一回，大家把威风煞一煞儿才好。（第五十八回）

消闲时定请姐姐到家中去，叫他拜见你尊颜。（《雷峰塔》）

200. 小鬼儿：特指阴司的差役。

通共每人只有两三个丫头象个人样，余者纵有四五个小丫头子，竟是庙里的小鬼。（第七十四回）

晋玉娥儿小鬼儿一般藏在排插儿后，泼妇梳头两泪流。（《桃花岸》）

201. 小家子：小户人家。

咱们也学那小家子大家凑分子。（第四十三回）

道的是小家子人儿撇清的狠，最恼人毒性子丫头行事儿绝。（《意中缘》）

202. 小气：胸襟不宽，吝啬。

若是奶奶素日是小气的，只以东西为事，不顾下人的，姑娘那里还敢这样了。（第五十一回）

我劝你留点子后手儿好当差事，你反说当兵的女儿小气之极。（《老侍卫叹》）

203. 小人：a. 小孩子。b. 旧时男子对地位高于己者自称的谦辞。

a1 怪道老太太常嘱咐说小人屋里不可多有镜子。（第五十六回）

a2 况且他两口儿今年都十九岁，和你一般还算是个小人。（《家主戏鬟》）

b1 小人姓封，并不姓甄。（第二回）

b2 店主人奸滑油透多机变，说微须事小人店内还有些个私囊。（《连升三级》）

204. 小性儿：胸襟狭窄，爱闹脾气。

你又拿我作情，倒说我小性儿，行动肯恼。（第二十二回）

猛然说我不过一时闲嗷笑,谁想到姨奶奶的小性儿多。(《调春戏姨》)

205. 小幺儿:少年男仆。

探春正上厅理事,翠墨在家看屋子,因命蝉姐出去叫小幺儿买糕去。(第六十回)

俊俏小幺儿两个,压马骑骡步后尘。(《少待卫叹》)

206. 小爷:犹少爷。

我们小爷啰唆,恐怕还有话说。(第五十一回)

到次日小嬛背地来回话,他知道小爷心性就编了一派胡言,说晴姑娘原来并非是死,他做了院内花神上了天。(《晴雯赛恨》)

207. 晓得:明白,知道。

我是初造尊府的,本也不晓得什么。(第十回)

奴无奈葬埋老父在秋林下,才晓得江湖口无量斗哄了奴家。(《藏身》)

208. 歇歇:休息一会儿。

也该趁早叫你哥哥嫂子歇歇。(第十一回)

倒在郎怀娇声儿骂着促促的喘,秦钟说歇歇罢娘子卑人从今把你宾服。(《何必西厢》)

209. 心下:心里,心中。

五儿听罢,便心下要分些赠芳官。(第六十一回)

猛然见罗氏抬头犹若惊鸿脱兔,这闷葫芦令人难测他心下如焚。(《双官诰》)

210. 心心念念:犹一心一意,念念不忘。

幸亏宝玉被一个林黛玉缠绵住了,心心念念只记挂着林黛玉,并不理论这事。(第二十八回)

一个女孩儿拜甚么月,心心念念要把谁求。(《拷红》)

211. 心眼子:指心计。

如今出挑的美人一样的模样儿,少说些有一万个心眼子。(第六回)

至于山水大块文章由着性儿看,总说了罢那死心眼子专膹是他自己

要糊涂。(《桃花岸》)

212. 新近：最近，近来。
说是新近外头有个会做活的女孩子。(第三十二回)
和尚说风闻得此人在福建住，平头说新近搬来在西子堤。(《意中缘》)

213. 羞口：不好意思开口。
每唆贾环去讨，一则贾环羞口难开，二则贾环也不大甚在意。(第七十二回)
天素说自己父母还羞口，就是这般尊贵女孩儿家。(《意中缘》)

214. 羞臊：害羞。
不怕羞臊的才拿他混比呢。(第五十一回)
佳人装烟才把这羞臊躲过，只坐到天交二鼓才转回房。(《鸳鸯扣》)

215. 靴掖：绸制或皮制的可以折叠的夹子。用以装名帖、文件、钱票等物。因可塞藏在靴筒内，故名。
忙向靴桶取靴掖内装的一个纸折略节来。(第十七回)
做下了小帽套袴鞋合袜，靴掖表套共荷包。(《续花别妻》)

216. 寻趁：寻隙责备。
早都不知作什么的，这会子寻趁我。(第二十九回)
说咋的唎今朝寻趁我，没溜儿搭撒尽自怄人。(《家主戏鬟》)

217. 寻思：思索，考虑。
宝琴听了，点头含笑，自去寻思。(第五十回)
暗寻思今朝可巧把冤家遇，我说呢别人家的姑爷哪里有这们使得。(《鸳鸯扣》)

218. 牙根儿：指白齿。
为你这个不尊重，恨的你哥哥牙根痒痒。(第二十回)
牙根儿咬动腿帮儿鼓，胸脯儿抽定柳腰儿躬。(《卖刀试刀》)

219. 牙牌：行酒令用的筹签。
史太君两宴大观园　金鸳鸯三宣牙牌令 (第四十回)
可别像爷们饮酒粗糙的很，左不过嚷断了脖筋把嗓子划。(《三宣

牙牌令》)

220. 眼色：眼力，见识。

咱们这工夫一窝一拖的奔了去，岂不没眼色。（第四回）

一点儿眼色全无有，谁定把一天好事弄秃噜。（《连理枝》）

221. 样儿：指人的神态、表情。

今年关在家里，明年还是这个样儿。（第四十八回）

岁数儿合你差不多儿无我大，小样儿魔里魔头是个淘气的人。（《滚楼》）

222. 咬舌子：指说话时舌尖常接触牙齿，发音不清。

偏是咬舌子爱说话。（第二十回）

打得他板齿牙呲莲蓬嘴裂，咬舌子结结巴巴的竟剩了嘻哟。（《下河南》）

223. 要紧：重要，至关重要。

平儿疯魔了。这蹄子认真要降伏我，仔细你的皮要紧！（第二十一回）

孙权说国太之言敢不遵命，但是那要紧的节目还待商量。（《东吴记》）

224. 噎：说话顶撞人或使人受窘不能继续说下去。

你不说你的话噎人，倒说我性急。（第三十二回）

为怕他相思因姜死，反成了话把儿把奴噎。（《俏东风》）

225. 爷们：对男主人的称呼。

他是个爷们家，拣了我们的东西，自然该还的。（第二十七回）

爷们你瞧我这稀破的汗褐套着单褂襕，奔七十的人咧到底没有爷们泼皮。（《老侍卫叹》）

226. 野意儿：指乡村风味的食品。

这个吃个野意儿，也算是我们的穷心。（第三十九回）

总说罢人和天年把饭儿讨，这耕种锄刨野意儿新。（《二入荣国府》）

227. 一场：表数量。犹一回，一番。

你们娘儿两个也好了一场。（第十一回）

这艺业从不见他作家档,也没有各处的茶园请一场。(《风流词客》)

228. 一溜儿:一行;一排。

地下面西一溜四张椅上,都搭着银红撒花椅搭。(第三回)

顺围桌一溜儿摆开排着次序,论品级打头跟二挨着碟儿闻。(《评昆论》)

229. 一气儿:一口气,接连不断。

只是先把《四书》一气儿讲明背熟,是最要紧的。(第九回)

接过二斗一气儿饮,飞霞又递酒三觥。(《渔家乐》)

230. 一下子:突然,指时间短或动作迅速。

老爷太太恨的那样,恨不得一下子拿来打死。(第四十六回)

倘然要一点儿失神把力气使猛,一下子是摔破了中衣儿哪儿去缝。(《女觚斗》)

231. 因由:原委,原因。

若有提起因由,你只带口说我带了你进来作伴儿就完了。(第四十八回)

到如今窈窕淑女归君子,多亏了欢郎儿厌物起因由。(《拷红》)

232. 营生:犹勾当,多指坏事情。

干出这些没脸面没王法败家破业的营生。(第六十八回)

要是损人利己上天有眼,小子不干那屠头营生。(《黔之驴》)

233. 应承:应允,承诺,承认。

张德辉满口应承,吃过饭告辞。(第四十八回)

若遇着谁家堂会应承去作脸,呀敢则是娘儿们的东西你们也用得着。(《为票傲夫》)

234. 硬气:刚强,强硬。

无奈儿子偏不硬气,已是被他挟制软惯了。(第八十回)

我还留些儿身份修将来的硬气,我可不爱那花儿中的套子月儿下的排场。(《桃花岸》)

235. 由着:任凭。

难道为我的生日由着奴才们把一族中的主子都得罪了也不管罢。

（第七十一回）

至于山水大块文章由着性儿看，总说了罢那死心眼子专腨是他自己要糊涂。（《桃花岸》）

236. 油皮：皮肤的表层。

秦钟的头早撞在金荣的板上，打去一层油皮。（第九回）

你一点油皮不曾破，一心心叫别人出脸你抽头。（《拷红》）

237. 余外：除此以外。

余外给了门上人一篓作门礼，你哥哥分了这些。（第六十回）

酒吃几壶是余外算账，军爷呀你摸摸贺肚行不行。（《游龙传》）

238. 怨不得：犹怪不得。表示明白了原因，对某种行为感到理解。

怨不得老祖宗天天口头心头一时不忘。（第三回）

蕙心妹妹真颖悟，怨不得老爷把你疼。（《家园乐》）

239. 咂嘴：用舌抵齿、嘴唇上下开合作声。表示称赞、企慕等。

刘姥姥此时惟点头咂嘴念佛而已。（第六回）

则见他走至笼边存身看，不住的咂嘴摇头口内哼。（《苇连换笋鸡》）

240. 咱们：统称己方与对方。

从今咱们两个丢开手。（第二十一回）

况这古儿词是七字经儿为劝咱们女道，你不见到苦处眼泪扑撒一大堆。（《桃花岸》）

241. 遭儿：量词。犹次，回。

我还没放一遭儿呢。（第七十回）

言无不应计无不就，但只是这遭儿的题目太挠头。（《拷红》）

242. 糟蹋：浪费，损坏。

这是他的屋子，由着你们糟蹋，越不成体统了。（第十九回）

可惜了儿的阴天下雨沾泥土，白白的糟蹋了与众人出入垫脚跟。（《二入荣国府》）

243. 早间：早上。

早间还剩了些，如何没了？（第六十回）

宝玉说你如今脾气真真傲，早间那数语何须你就把气生？（《晴雯

撕扇》)

244. 造作：装模作样。
还不是那种佯羞诈愧一味轻薄造作之辈。（第五十七回）
举止端庄非造作，形容俊雅本天然。（《全彩楼》）

245. 怎的：怎样，如何。
开门人见他这般光景，问是怎的。（第十二回）
鬼使回言说你问他怎的，那就是阴间设立的望乡台。（《望乡》）

246. 扎煞：张开，伸张。
扎煞着两只泥手，笑嘻嘻的转来。（第六十二回）
吓声着声儿咤叱头儿落，恶道人腕子扎煞棍子丢。（《蜈蚣岭》）

247. 扎挣：挣扎。
说着便要下床来，扎挣起来，禁不住嗳哟之声。（第三十五回）
茶饭儿也耍勉强着进，身体儿也须扎挣着行。（《全悲秋》）

248. 乍：初，刚刚。
他一乍来时你也曾睡梦中直叫我，半年后才改了。（第七十七回）
乍相逢认不透你这衣冠中的禽兽，因此上叫花子得占凤鸾俦。（《骂城》）

249. 展眼：转眼。形容刹那间或时间过得很快。
展眼到了十四日。（第四十七回）
一定是朝朝早起殷勤得狠，春三月展眼之间不必细言。（《太常寺》）

250. 仗着：凭借，依靠。
近来仗着祖母溺爱，父母亦不能十分严紧拘管，更觉放荡弛纵。（第十九回）
你无非仗着你哥哥你那舌板子巧，要知道我正要寻他作一回。（《桃花岸》）

251. 招惹：招致引来。
他便没事也要走两趟去招惹。（第二十一回）
倒无的不干不净人粗鲁，招惹的烧酒生葱人怕闻。（《二入荣国府》）

252. 这么：指程度、数量或方式。
我没这么大福禁受。（第二十八回）
凭谁我这么留神看，一见了姑娘脸就皮。（《连理枝》）

253. 这们：指程度、数量或方式。
你们两个再这们仇人似的，老太太越发要生气，一定弄的大家不安生。（第二十九回）
这们着我就惚惚悠悠的跟了他去，抄总儿说罢一天的扫兴望今日一般。（《须子论》）

254. 着忙：着慌，着急。
袭人见了又是着忙又是可笑。（第三十回）
这宝玉着忙复又赔不是，说好妹妹恕我言语不防头。（《埋红》）

255. 真真：的的确确，实实在在。
提起这个话来，真真的宝姑娘叫人敬重。（第三十二回）
随口儿说是真真的貌美，你看他面皮儿细嫩举动温良。（《红梅阁》）

256. 支使：指使，调遣，命令人做事。
横竖有人伏侍你，再别来支使我。（第二十一回）
细想来那都不是你招出来的祸，支使着奴家墙头礼拜把香烧。（《梅花坞》）

257. 只当是：以为，以为是。
黛玉见他说的郑重，且又正言厉色，只当是真事。（第十九回）
贼秦桧只当是带口儿话，须知佛前无妄言。（《全扫秦》）

258. 中衣：贴身的衣服。
袭人忙趁众奶娘丫鬟不在旁时，另取出一件中衣来与宝玉换上。（第六回）
得便中拿拿虱子皆称快手，敞空了换换中衣便觉爽然。（《花木兰》）

259. 周旋：交往，交际应酬。
略可推得去的就推过去了，都是凤姑娘周旋迎待。（第六回）
公子闻听入了店，店小儿扶侍甚周旋。（《荷花记》）

260. 坠子：吊在下面的东西。
昨儿是他摆弄了那坠子，半日就坏了。（第五十八回）
鼻梁儿哪用铅笔儿抹，耳轮儿何消金坠子垂。（《桃花岸》）
261. 桌围：围在桌子边的装饰物，多以布或绸缎做成。
椅搭、桌围、床裙、桌套，每分一千二百件，也有了。（第十七回）
张罗着倒茶往新房里送，又瞧着家人收拾检好了桌围。（《鸳鸯扣》）
262. 着落：犹安排，安置。
我看古董帐上还有这一笔，却不知此时这件东西着落何方。（第七十二回）
狠爱招个没趣儿奴是何苦，这如今竟是个饥荒着落了咱。（《梅花坞》）
263. 着意：留意，在意。
那里着意在这些小事上。（第七十七回）
还有两宗要紧的事，做小娘的着意留神要省察。（《鸨儿训妓》）
264. 子侄：儿子与侄子辈的统称。
命人将族中的子侄唤来与他们。（第五十三回）
这是黄金二镒尽子侄之道，约明年中秋月下还在此湾船。（《摔琴》）
265. 自管：副词。表示没有条件限制，可以放心去做。
各有主意自管说出来大家评章。（第三十七回）
莫不是阿玛委屈了你？有什么不趁心的事情自管向我言。（《鸳鸯扣》）
266. 赚：哄骗，诳骗。
那封肃便半哄半赚，些须与他些薄田朽屋。（第一回）
并不是传真方卖假药把乡亲们赚，而况且四海之内谁非弟兄。（《黔之驴》）
267. 左不过：反正，无非。
也没见个新奇精致东西，左不过是那些金玉铜磁没处搁的古董。

(第二十七回)

可别像爷们饮酒粗糙的很,左不过嚷断了脖筋把嗓子划。(《三宣牙牌令》)

268. 左性:性情固执,遇事不肯变通。

便知他又弄左性,劝了不中用。(第四十六回)

但只是天生左性终难改,一会儿多情一会儿难缠。(《露泪缘》)

269. 作耗:任性胡为。

别想着往日姑娘护着,任你们作耗。(第七十七回)

说这孩子好端端的日子提铃作耗,红儿啊你姑娘到底是为着何来?(《连理枝》)

270. 作践:糟蹋,摧残。

只没有个看着你自己作践了身子呢。(第二十回)

幽囚在重地由其作践,文种与老夫着急把妙计排。(《范蠡归湖》)

271. 作脸:争脸面,争出风头。

他便要趁势作脸献好。(第七十四回)

若遇着谁家堂会应承去作脸,呀敢则是娘儿们的东西你们也用得着。(《为票傲夫》)

二 词形不同

(一) 有无"儿"尾

1. 巴巴/巴巴儿:特地;偏偏。

好说就看的人家连个手炉也没有,巴巴的从家里送个来。(第八回)

既是真要去人家又没有拉着你,巴巴儿的单等奴家叫你一声。(《桃花岸》)

2. 棒槌/棒槌儿:捶打用的木棒。

人家给个棒槌,我就认作"针"。(第十六回)

耳瓜子嘴巴子还揪着头发,棒槌儿鞋底儿利害难说。(《打门吃醋》)

3. 才刚/才刚儿：刚才。

才刚赶到的，先打发我瞧你老人家来了。（第六十四回）

才刚儿听说二奶奶要恭喜，火票飞签叫我快进城。（《屯铁产玉》）

4. 对过/对过儿：指对面相隔一段距离的地方。

凤姐直待伏侍探春睡下，方带着人往对过暖香坞来。（第七十四回）

向王婆控背躬身将干娘叫，求干娘将对过儿的雌儿我诓。（《挑帘定计》）

5. 刚刚/刚刚儿：刚才，方才。

阿弥陀佛！刚刚的明白了。（第三十一回）

秀英说我的小奶奶刚刚儿传了赦旨，把个傻爷爷唬的两眼像个笆鸡。（《滚楼》）

6. 话头/话头儿：犹话语，话题。

我也曾游过些名山大刹，倒不曾见过这话头。（第二回）

玉娥疑见话越投机心越骇，说这话头儿岂是尼儿口内言？（《桃花岸》）

7. 眉眼/眉眼儿：眉与眼。泛指容貌。

有一个水蛇腰、削肩膀、眉眼又有些象你林妹妹的。（第七十四回）

他说这人儿眉眼儿精神儿做的真奇特，就只是哄孩子拿在家中一会儿的工夫稀烂无存。（《逛护国寺》）

8. 面皮/面皮儿：脸上的皮肤。也指脸。

登时紫涨了面皮，便依炕沿双膝跪下。（第七十四回）

随口儿说是真真的貌美，你看他面皮儿细嫩举动温良。（《红梅阁》）

9. 末后/末后儿：后来，最后。

又伏侍了云儿一场，末后给了一个魔王。（第五十四回）

云友说那是奴家原骂你，天素说姑娘当我是董思白。末后儿见了我的脚儿为何又不骂，云友说谁叫你充他把我耐磨。（《意中缘》）

10. 日头/日头儿：太阳。

今儿雪化尽了，黄澄澄的映着日头。（第五十二回）

但只愿天上的日头儿常正午，只保得彼此齐全不离分。（《遣春梅》）

11. 顺口/顺口儿：词句念起来流畅，通畅。

刘姥姥便顺口胡诌了出来。（第三十九回）

哪有个落草的孩儿就将酒卖？这不过是顺口儿称。（《游龙传》）

12. 顺手/顺手儿：顺便，捎带着。

因镜台两边俱是妆奁等物，顺手拿起来赏玩。（第二十一回）

那妇人不容分说劈脸一掌，这妈儿顺手儿牵羊就把腕子拉。（《乡城骂》）

13. 特意/特意儿：表示专为某件事。

问候一声儿，也不必特意告诉他们说搬进园来。（第四十八回）

佳人笑说不是翰林今日省，倒像谁特意儿撇清往死里捏。（《桃花岸》）

14. 偷空/偷空儿：偷闲，抽空。

谁知那几个房子里小丫头已偷空顽去了。（第四十二回）

偷空儿还向灯前写写字，难为他直溜溜的腰儿也累不亏。（《玉儿献花》）

15. 小人家/小人儿家：小孩子。

小人儿家没经过什么事，就急得你这样了。（第七回）

贾母说你甥女儿初来才坐下，小人家歇歇儿再过去舅母们别嗔。（《宝玉摔玉》）

16. 小姨/小姨儿：妻妹。

便将自己娶尤氏，如今又要发嫁小姨一节说了出来，只不说尤三姐自择之语。（第六十六回）

父女们想不起是新亲只当他到，小姨儿不消躲避只在觉屋里站着。（《鸳鸯扣》）

17. 心窝/心窝儿：胸腹之中央。

有五根针钉在心窝并四肢骨节等处。（第八十回）

胸脯儿前两个鬼脸儿齐叠暴,心窝儿上一撮子黑毛乱扎煞。(《齐陈相骂》)

18. 一路/一路儿:一条道路。

一路话奉承的凤姐越发受用,也不顾劳乏,更攀谈起来。(第十五回)

娘娘问你每如何一路儿而至?罗成说自从公主回兵我病的怪哉!(《马上联姻》)

19. 缘法/缘法儿:缘分。

二则他还投主子们的缘法,也并不指着我和这位太太要衣裳去,又和那位奶奶要银子去。(第四十七回)

内侄女又作了侄媳妇,婆媳们缘法儿相投甚一心。(《二入荣国府》)

(二) 有无"子"尾

1. 赌气/赌气子:负气;因为不满意或受指责而任性行动。

他嫂子自觉没趣,赌气去了。(第四十六回)

张国栋赌气子夹着说街上去甩,猛见个人打了个照面又回避的不及。(《一匹布》)

2. 头绳/头绳子:用来扎发髻或辫子的细绳子。

便起身至那屋里取了一瓶花露油并些鸡卵、香皂、头绳之类。(第五十八回)

可惜了儿的人家给我填箱的粉,什么头绳子咧胭脂咧围膀子绢子两三条。(《为票傲夫》)

3. 嘴唇/嘴唇子:唇,人或某些动物口的周围的肌肉组织。

用手向他脉门摸了摸,嘴唇人中上边着力掐了两下。(第五十七回)

佳人说两片嘴唇子如利刀,红儿说一个小幺儿太脸皮。(《连理枝》)

(三) 词尾分别是"子"与"儿"

1. 耳挖子/耳挖儿:掏耳垢的用具。常以竹、木、牛角或金属制成。有时也作为饰物,其末并可用来剔牙。

第五章 《红楼梦》与京津冀清代讲唱文学方言词的关系　　139

只见凤姐蹬着门槛子拿耳挖子剔牙,看着十来个小厮们挪花呢。(第二十八回)

想罢玉指寻翠鬓,将一根金耳挖儿用手抽。(《天缘巧配》)

2. 小姑子/小姑儿:称丈夫之妹。

真真恨的我只保佑明儿你得一个利害婆婆,再得几个千刁万恶的大姑子小姑子,试试你那会子还这么刁不刁了。(第四十二回)

小姑儿回答说连我也不懂,一定是该钱不给叫人家剥了衣服。(《鸳鸯扣》)

3. 小叔子/小叔儿:称丈夫之弟。

别人不过是礼上面子情儿,实在他是真疼小叔子小姑子。(第五十二回)

小叔儿胆大诓了嫂嫂,书呆子心坏卖了哥哥。(《下河南》)

4. 眼珠子/眼珠儿:眼球。

更觉两个眼珠儿直直的起来。(第五十七回)

腮帮子一凸贼胡子乍,眼珠子双瞪血丝子红。(《卖刀试刀》)

(四) 音同义同,所用方言本字不同

1. 打量/打谅:料想,估计。

打量上次为茶撵茜雪的事我不知道呢。(第十九回)

此乃是老爷府门客你们这样放肆,打谅是沿途驿站由着你胆大声高。(《续花别妻》)

2. 担待/耽待:原谅。

我当着你大奶奶姑娘们替你赔个不是,担待我酒后无德罢。(第四十五回)

党姬唬的双膝跪,流泪哀求将军耽待奴家是女娃。(《党太尉》)

3. 战敠/颠夺:忖度。

平儿今见他这般,心中也暗暗的战敠。(第四十四回)

汉刘王闻言半响频猜异,这沛公暗里颠夺五七悉。(《追信》)

4. 分子/份子:集体送礼时各人分摊的钱。

咱们也学那小家子大家凑分子。(第四十三回)

有的坐下有的饭后就走,他们的份子从没有一两银。(《鸳鸯扣》)

5. 埋怨/瞒怨：责备，抱怨。

都埋怨昨日怎么忘了他。(第三十七回)

妻呀你休把夫瞒怨，这也是前生造定这段假姻缘。(《蝴蝶梦》)

6. 暖和/暖活：温暖。谓不冷也不太热。

里间比这里暖和。(第八回)

蓉哥笑说无妨碍，上身儿却是白狐倒暖活。(《一入荣国府》)

7. 眼睁睁/眼挣挣：睁眼看着，无可奈何。

眼睁睁，把万事全抛。(第五回)

说我只顾流连若等孩儿醒，眼挣挣除抛闪冤家叫我怎么样行。(《千金全德》)

(五) 词义相同、词根语素相同、词形不同

1. 彩头儿/采头儿：

我不是小器爱赢钱，原是个彩头儿。(第四十七回)

近来这行规虽长三十六，采头儿得遇福虽要换靴。(《凤鸾俦》)

2. 成日家/成日价：一天到晚。

我们成日家和树林子作街坊。(第四十一回)

成日价耳鬓厮磨天天见面，这今日为甚么不认这丰标。(《露泪缘》)

3. 葫芦/葫芦提：糊涂。

薄命女偏逢薄命郎　葫芦僧乱判葫芦案 (第四回)

似这般葫芦提的哑谜儿谁能破，敢是有什么碍口的才闭住了喉？(《青楼遗恨》)

4. 今日/今日个：今天。

今日必定要气死我才罢！(第三十三回)

说今日个想了个宏碴往局上去，心想着指望捞捞我的输的银。(《为赌嗷夫》)

5. 明日/明日个：明天。

明日晚间再玩罢。(第二十二回)

望了望孤坟说儿去也，明日个再与爹爹来供茶。(《藏舟》)

6. 忒儿/忒儿楞楞：象声词。

他就忒儿一声飞了。(第二十八回)

被小姐打开笼子将他放去，忒儿楞楞一翅飞上墙角。(《闹学》)

7. 稀罕/希罕：稀奇，稀少。

什么稀罕物儿，也不过是这么个东西。(第十九回回)

说我新得一样希罕物，叫作槟榔我也认不清。(《家园乐》)

8. 仗腰子/仗腰眼子：撑腰。比喻给予大力支持。

他是东胡同里璜大奶奶的侄儿，那是什么硬正仗腰子的，也来唬我们。(第九回)

将才是冒猛的相逢活该我转运，也亏那匹布仗腰眼子先把辈数儿拉匀。(《一匹布》)

9. 昨儿/昨儿个：昨天。

昨儿有扰，今儿晚上我还席。(第六十三回)

大约昨儿个作稿回堂将他们退，那不懂事的小学生说我上学来回倒常碰见醉的呢。(《续戏姨》)

三 共有方言词的分析

以上两大类型，第一种类型共有 271 个，第二种类型的五种类别分别有 19 对、3 对、4 对、7 对和 9 对，其中，第二（一）类的"顺口/顺口儿"的顺口，是第一大类的第 180 个；第二（四）类的"担待/耽待"的担待，是第一大类的第 38 个。因此，合计二者共有的方言词是 311 个，数量比较大。

数量大的原因之一是："子弟书的作者大都具备良好的文学素养。"[①] 子弟书是讲唱文学，但是雅俗并重，含有大量方言词。虽然有大量篇目演绎《红楼梦》，但是从上面所列举的子弟书例句来看，出自演绎《红楼梦》的篇目的方言词仅有 25 个，即：尺头、促狭、当院、点心、乏、翻腾、咕咚、姑奶奶、横三竖四、荒唐、烂、拿大、说嘴、土炕、倭瓜、牙牌、野意儿、糟蹋、早间、招惹、着忙、左不过、小人

---

① 袁行霈主编：《中国文学史》（第四卷），高等教育出版社 1999 年版，第 416 页。

家/小人儿家、缘法/缘法儿、暖和/暖活。并且这些词里还有一部分也出现在其他篇目里。

下面再从两个角度对共有方言词进行分析。

(一) 语法分类

从语法角度看，共有方言词分别属于词、熟语和短语。

1. 属于词的有：俺们、熬煎、掰、摆布、摆弄、半晌、帮衬、包管、背晦、背人、惫懒、壁厢、编派、别个、饽饽、茶汤、扯臊、趁早儿、称心、成天家、吃亏、尺头、出挑、厨下、跐、凑巧、凑趣儿、促狭鬼、促狭、打点、担待、当院、档子、倒是、点心、吊猴、顶梁骨、兜肚、短命鬼儿、短、多嘴、恶心、耳刮子、耳旁风、乏、烦难、方才、方儿、疯魔、该当、敢自、哥儿、各别、各人、各色、硌、够、咕咚、咕嘟、孤拐、姑奶奶、古板、鼓捣、裉子、管保、管教、光景、逛逛、滚热、聒噪、哈气、害臊、寒毛、汉子、好生、合该、合式、哼哼、胡话、胡闹、花子、荒唐、会子、晦气、荤腥、混、活计、饥荒、记挂、家伙、家去、将就、将息、叫唤、解手、精光、精细、拘管、开交、堪堪、看承、看看、可着、坑、快快、快手、款款、诓骗、亏了、癞蛤蟆、懒怠、烂、廊檐、浪、牢、痨病、老成、老早、脸面、料理、灵透、另日、抢、落草、麻绳、毛毛虫、冒撞、名姓、乜斜、磨牙、末后儿、拿大、那们、奶母、年下、牛心、怄气、抛闪、偏生、撇下、破着、漆黑、气性、千万、亲家、嗄、清钱、擎、雀儿、人家、绒线、揉搓、肉皮儿、响午、少时、生分、生怕、生生、生疼、事体、收拾、受用、熟、数落、耍钱、水牌、顺口、说嘴、撕罗、素、通共、突突、土坑、外厢、绾、王八、枉自、倭瓜、乌龟、稀烂、稀破、细腻、细挑、下作、宪书、消闲、小鬼儿、小家子、小气、小人、小性儿、小幺儿、小爷、晓得、歇歇、心下、心眼子、新近、羞口、羞臊、靴掖、寻趁、寻思、牙根儿、牙牌、眼色、样儿、咬舌子、要紧、噎、爷们、野意儿、因由、营生、应承、硬气、由头、油皮、余外、咂嘴、咱们、遭儿、糟蹋、早间、造做、怎的、扎煞、扎挣、乍、展眼、仗着、招惹、这么、这们、着落、着忙、着意、真真、支使、中衣、周旋、赚、坠子、桌围、子侄、自管、左性、作耗、作践、作脸、巴巴/巴巴儿、棒槌/棒槌儿、才刚/才刚儿、对过/对过儿、刚刚/刚刚儿、话头/话头儿、眉眼/眉眼儿、面皮/面皮儿、日头/日头儿、顺口/顺口儿、顺手/顺手儿、特意/特意儿、偷空/偷空儿、小人家/小人儿家、小姨/小姨儿、心窝/心窝儿、缘法/缘法儿、赌气/赌气子、头绳/头绳子、嘴唇/嘴唇子、耳挖子/耳挖儿、小姑子/小姑儿、小叔子/小叔儿、眼珠子/眼珠儿、彩头/采头、打量/打谅、担待/耽待、战歘/颠夺、分子/份子、埋怨/瞒怨、暖和/暖活、稀罕/希罕、眼睁睁/眼挣挣、成日家/成日价、葫芦/葫芦提、今日/今日个、明日/明日个、忒儿/忒儿楞楞、昨儿/昨儿个。

（1）从词的音节数量上看，有单音词、复音词和多音词，复音词的数量最多，还有少量的词由于词形不同导致音节数量不同。

单音词：掰、趿、短、乏、哥儿、方儿、硌、够、混、坑、烂、浪、牢、抡、嗫、擎、雀儿、熟、素、绾、样儿、噎、乍、赚、遭儿。

复音词：俺们、熬煎、摆布、摆弄、半晌、帮衬、包管、背晦、背人、惫懒、壁厢、编派、别个、饽饽、茶汤、扯臊、趁早儿、称心、吃亏、尺头、出挑、厨下、凑巧、凑趣儿、促狭、打点、担待、当院、档子、倒是、点心、吊猴、顶梁、兜肚、多嘴、恶心、烦难、方才、疯魔、该当、敢自、搞鬼、各别、各人、各色、咕咚、咕嘟、孤拐、古板、鼓捣、裉子、管保、管教、光景、逛逛、滚热、聒噪、哈气、害臊、寒毛、汉子、好生、合该、合式、哼哼、胡话、胡闹、花子、荒唐、会子、晦气、荤腥、活计、饥荒、记挂、家伙、家去、将就、将息、叫唤、解手、精光、精细、拘管、开交、堪堪、看承、看看、可着、快快、快手、款款、诓骗、亏了、懒怠、廊檐、痨病、老成、老早、脸面、料理、灵透、另日、落草、麻绳、冒撞、名姓、磨牙、末后儿、拿大、那们、奶母、年下、乜斜、牛心、怄气、抛闪、偏生、撇下、破着、漆黑、气性、千万、亲家、清钱、人家、绒线、揉搓、肉皮儿、晌午、少时、生分、生怕、生生、生疼、事体、收拾、受用、数落、耍钱、水牌、顺口、说嘴、撕罗、通共、突突、土坑、外厢、王八、柱自、倭瓜、乌龟、稀烂、稀破、细腻、细挑、下作、宪书、消闲、小鬼儿、小气、小人、小性儿、小幺儿、小爷、晓得、歇歇、心下、新近、羞口、羞臊、靴掖、寻趁、寻思、牙根儿、牙牌、眼色、要紧、爷们、野意儿、因由、营生、应承、硬气、由头、油皮、余外、咂嘴、咱们、糟蹋、早间、造做、怎的、扎煞、扎挣、展眼、仗着、招惹、这么、这们、着落、着忙、着意、真真、支使、只当、中衣、周旋、坠子、桌围、子侄、自管、左性、作耗、作践、作脸、巴巴/巴巴儿、棒槌/棒槌儿、才刚/才刚儿、对过/对过儿、刚刚/刚刚儿、话头/话头儿、眉眼/眉眼儿、面皮/面皮儿、日头/日头儿、顺口/顺口儿、顺手/顺手儿、特意/特意儿、偷空/偷空儿、小姨/小姨儿、心窝/心窝儿、缘法/缘法儿、彩头/采头、打量/打谅、担待/耽待、战敓/颠夺、分子/份子、埋怨/瞒怨、暖和/暖活、稀罕/希罕。

多音词：成天家、促狭鬼、短命鬼儿、耳刮子、耳旁风、姑奶奶、癞蛤蟆、毛毛虫、小家子、心眼子、咬舌子、成日家/成日价、小人家/小人儿家。

以下各组的音节数量不同：赌气/赌气子、头绳/头绳子、嘴唇/嘴唇子、耳挖子/耳挖儿、小姑子/小姑儿、小叔子/小叔儿、眼珠子/眼珠儿、眼睁睁/眼挣挣、葫芦/葫芦提、今日/今日个、明日/明日个、忒儿/忒儿楞楞、昨儿/昨儿个。

（2）从词的结构上看，有单纯词和合成词，其中单纯词又分为单音单纯词、叠音词和联绵词，合成词又分为复合词、重叠词和派生词，以上各类，复合词的数量最多。还有少量由于词形不同，分属不同类型。

单音单纯词：掰、趿、短、乏、方儿、哥儿、硌、够、混、坑、烂、浪、牢、抡、唛、擎、雀儿、熟、素、绾、样儿、嚯、乍、赚、遭儿。

叠音词：饽饽、巴巴/巴巴儿。

联绵词：咕咚、咕嘟、王八、战敓/颠夺、葫芦/葫芦提。

复合词：俺们、熬煎、摆布、摆弄、半响、帮衬、包管、背晦、背人、惫懒、壁厢、编派、别个、茶汤、扯臊、趁早儿、称心、吃亏、出挑、厨下、凑巧、凑趣儿、促狭、促狭鬼、打点、担待、当院、倒是、点心、吊猴、顶梁、兜肚、短命鬼儿、多嘴、恶心、耳旁风、烦难、方才、疯魔、该当、敢自、搞鬼、各别、各人、各色、孤拐、姑奶奶、古板、鼓捣、管保、管教、光景、滚热、聒噪、哈气、害臊、寒毛、好生、合该、合式、胡话、胡闹、荒唐、晦气、荤腥、活计、饥荒、记挂、家伙、家去、将就、将息、叫唤、解手、精光、精细、拘管、开交、堪堪、看承、可着、快手、款款、诓骗、亏了、癞蛤蟆、懒怠、廊檐、痨病、老成、老早、脸面、料理、灵透、另日、落草、麻绳、毛毛虫、冒撞、名姓、磨牙、末后儿、拿大、那们、奶母、年下、乜斜、牛心、怄气、抛闪、偏生、撇下、破着、漆黑、气性、千万、亲家、清钱、人家、绒线、揉搓、肉皮儿、晌午、少时、生分、生怕、生疼、事体、收拾、受用、数落、耍钱、水牌、顺口、说嘴、撕罗、通共、土坑、外厢、柱自、倭瓜、乌龟、稀烂、稀破、细腻、细挑、下作、宪书、消闲、小鬼儿、小家子、小气、小人、小性儿、小幺儿、小爷、晓得、心下、新近、羞口、羞臊、靴掖、寻趁、寻思、牙根儿、牙牌、眼色、要紧、爷们、野意儿、因由、营生、应承、硬气、由头、油皮、余外、咂嘴、咱们、糟蹋、早间、造做、怎的、扎煞、扎挣、展眼、仗着、招惹、这么、这们、着落、着忙、着意、支使、只当、中衣、周旋、桌围、子侄、自管、左性、作耗、作践、作脸、棒槌/棒槌儿、才刚/才刚儿、成日家/成日价、对过/对过儿、眉眼/眉眼儿、面皮/面皮儿、顺口/顺口儿、顺手/顺手儿、特意/特意儿、偷空/偷空儿、小人家/小人儿家、小姨/小姨儿、心窝/心窝儿、缘法/缘法儿、彩头/采头、打量/打谅、担待/耽待、埋怨/瞒怨、暖和/暖活、稀罕/希罕。

重叠词：逛逛、哼哼、看看、快快、生生、突突、歇歇、真真、刚刚/刚刚儿。

派生词：成天家、尺头、档子、耳刮子、褂子、汉子、花子、会子、心眼子、咬舌子、坠子、话头/话头儿、日头/日头儿、分子/份子、眼睁睁/眼挣挣。

以下各组分属不同类型：赌气/赌气子、头绳/头绳子、嘴唇/嘴唇子、耳挖子/耳挖儿、小姑子/小姑儿、小叔子/小叔儿、眼珠子/眼珠儿，以上各组分属复合词和派生词；今日/今日个、明日/明日个，以上两组分属复合词和派生词；忒儿/忒儿楞楞、昨儿/昨儿个，以上两组分属单音单纯词和派生词。

（3）从词类上看，有名词、动词、形容词、代词、量词副词和拟声词，名词和动词数量多，量词和连词都只有一个。

名词：半晌、壁厢、饽饽、茶汤、尺头、厨下、促狭鬼、当院、档子、点心、顶梁、兜肚、短命鬼儿、耳刮子、耳旁风、烦难、方儿、哥儿、各人、各色、孤拐、姑奶奶、裰子、光景、寒毛、汉子、胡话、花子、会子、荤腥、活计、饥荒、家伙、快手、癞蛤蟆、廊檐、痨病、老早、脸面、另日、麻绳、毛毛虫、名姓、末后儿、奶母、年下、气性、亲家、清钱、雀儿、人家、绒线、肉皮儿、晌午、少时、事体、水牌、土炕、外厢、王八、倭瓜、乌龟、宪书、小鬼儿、小家子、小人、小幺儿、小爷、心下、心眼子、靴掖、牙根儿、牙牌、眼色、样儿、爷们、野意儿、因由、营生、由头、油皮、早间、着落、中衣、坠子、桌围、子侄、棒槌/棒槌儿、才刚、才刚儿、成日家/成日价、对过/对过儿、话头/话头儿、眉眼/眉眼儿、面皮/面皮儿、日头/日头儿、小人家/小人儿家、小姨/小姨儿、心窝/心窝儿、缘法/缘法儿、头绳/头绳子、嘴唇/嘴唇子、耳挖子/耳挖儿、小姑子/小姑儿、小叔子/小叔儿、眼珠子/眼珠儿、彩头/采头、分子/份子、今日/今日个、明日/明日个、昨儿/昨儿个。

动词：熬煎、掰、摆布、摆弄、帮衬、包管、编派、扯臊、趁早儿、称心、吃亏、出挑、跐、凑趣儿、打点、担待、吊猴、短、乏、疯魔、搞鬼、硌、够、咕咚、鼓捣、管保、管教、逛逛、聒噪、哈气、害臊、合该、哼哼、胡闹、混、记挂、家去、将就、将息、叫唤、解手、拘管、开交、看承、看看、可着、坑、诓骗、亏了、料理、抡、落草、磨牙、拿大、乜斜、怄气、抛闪、撇下、破着、噙、擎、揉搓、生怕、收拾、受用、熟、数落、耍钱、说嘴、撕罗、绾、晓得、歇歇、羞口、羞臊、寻趁、寻思、咬舌子、噎、应承、咂嘴、糟蹋、扎煞、扎挣、展眼、仗着、招惹、着忙、着意、支使、周旋、赚、作耗、作践、作脸、顺手/顺手儿、偷空/偷空儿、赌气/赌气子、打量/打谅、担待/耽待、战敠/颠夺、埋怨/瞒怨、稀罕/希罕。

形容词：背晦、背人、意懒、凑巧、促狭、多嘴、恶心、各别、咕嘟、古板、滚热、合式、荒唐、晦气、精光、精细、快快、款款、懒

第五章 《红楼梦》与京津冀清代讲唱文学方言词的关系　　147

息、烂、浪、牢、老成、灵透、冒撞、牛心、漆黑、生疼、生分、顺口、素、稀烂、稀破、细腻、细挑、下作、消闲、小气、小性儿、新近、要紧、硬气、造做、左性、顺口/顺口儿、暖和/暖活、葫芦/葫芦提、眼睁睁/眼挣挣。

代词：俺们、别个、那们、怎的、咱们、这么、这们。

量词：遭儿。

副词：成天家、倒是、方才、该当、敢自、好生、堪堪、偏生、千万、生生、通共、枉自、乍、真真、只当、自管、巴巴/巴巴儿、刚刚/刚刚儿、特意/特意儿。

拟声词：突突、忒儿/忒儿楞楞。

连词：余外。

2. 属于熟语的有：巴不得、保不住、背地里、犯不上、怪不得、哼哼唧唧、横三竖四、可不是、了不得、冷不防、心心念念、怨不得、左不过、仗腰子/仗腰眼子。

再细分，哼哼唧唧、横三竖四、心心念念是成语，巴不得、保不住、背地里、犯不上、怪不得、可不是、了不得、冷不防、怨不得、仗腰子/仗腰眼子、左不过是惯用语。

3. 属于短语的有：挨着、不打紧、不犯、不消、一场、一溜儿、一路儿、一气儿、一下子。

再细分，一场、一溜儿、一路儿、一气儿、一下子是数量结构，不打紧、不犯、不消是否定结构，挨着是助词结构。

在语法分类上，突出的特点是儿化词多，有：趁早儿、凑趣儿、短命鬼儿、哥儿、方儿、末后儿、雀儿、肉皮儿、忒儿/忒儿楞楞、样儿、小鬼儿、小性儿、小幺儿、牙根儿、野意儿、一溜儿、一路儿、一气儿、一下子、遭儿、昨儿/昨儿个。

(二) 语义类别

詈词较多，有：促狭鬼、短命鬼儿、胡话、癞蛤蟆、王八、乌龟。

第二节 《红楼梦》与《珍珠塔》共有的方言词

《珍珠塔》，全称《孝义真迹珍珠塔全传》，清代苏州弹词，全书二十四回，现存最早的版本是乾隆年间周殊士序的刻本，我们以此为底本，与《红楼梦》的方言词进行对比。还没有著作对《珍珠塔》的方言词进行研究，蔡晓臻《清代传本苏州弹词方言助词研究》[①] 涉及了《珍珠塔》的方言助词。

《珍珠塔》刻本使用了大量同音字、异体字和简省字，例如须刻作彡、爷刻作阝、然刻作肰，在判定方言词的时候要排除文字干扰。例如《红楼梦》第七回："二则也因我病了几天，遂暂且耽搁着。"《珍珠塔》第十七回："何以担搁至此？"耽搁和担搁是异形同词，《珍珠塔》用音近字"担"代替"耽"。再比如《红楼梦》第四回："其模样虽然出脱得齐整好些，然大概相貌，自是不改。"《珍珠塔》第八回："你看所上灯彩，好不齐正呵。"齐整和齐正是两个词，与前面的例子不同，原因是耽搁和担搁的词义相同，而齐整和齐正的词义不同。还要排除异名同指的词，例如《红楼梦》使用"今日"，《珍珠塔》使用"今日个"，今日个和今日是两个不同的方言词。

《红楼梦》早于《珍珠塔》，先列《红楼梦》的例句，在例句出现的回数之前加"红"以示区分；再列《珍珠塔》的例句，直接标例句出现的回数。方言词按照音序排列。

一 完全相同

1. 畜生：詈词。谓没有教养，如同禽兽。
那里承望到如今生下这些畜生来！（红第七回）
必定寻是非为这小畜生。（第二十二回）
2. 耽搁：延误。
你快下去，你不中用，倒耽搁了我。（红第五十回）

[①] 蔡晓臻：《清代传本苏州弹词方言助词研究》，博士学位论文，苏州大学，2014年。

包不定要耽搁功夫。(第五回)

3. 点心：糕饼之类的食品。

先到下处用些点心小食，然后入朝。(第五十八回)

用了点心，换了衣服，原打前门到厅相见。(第二回)

4. 孤拐：颧骨。

高高孤拐，大大的眼睛，最干净爽利的。(红第六十一回)

原是偕他的孤拐，削你的金面。(第四回)

5. 姑爷：女婿。

姑爷，你别嗔着我多嘴。(红第六回)

小姐吓，姑爷做仔官哉。(第十八回)

6. 后生：年轻人，小伙子。

果然出来带进一个小后生来。(红第七回)

嚼蛆啰个啥小后生吩？(第二十一回)

7. 话头：犹话语，话题。

我也曾游过些名山大刹，倒不曾见过这话头。(红第二回)

列位要晓得老妇人这几句话头，也是要纳彩屏的了。(第二十三回)

8. 舅母：舅父之妻。

这是你大舅母，这是你二舅母。(红第三回)

舅母为何如此执性？(第十四回)

9. 狼犺：笨拙，笨重。

今注明此故，方无胎中之儿口有多大，怎得衔此狼犺蠢大之物等语之谤。(红第八回)

虽然表弟身狼犺，到底娘亲面上亲。(第十一回)

10. 趔趄：走路不稳。

晚间回来，已带了几分酒，趔趄来至自己院内。(红第三十一回)

趔趄走，向前行，哪管高低路不平。(第五回)

11. 事体：事情。

便报了尤氏产育，将他腾挪出来，协理荣宁两处事体。(红第五十八回)

为啥事体？（第二十一回）

12. 物料：物品，材料。

就令贾蔷总理其日用出入银钱等事，以及诸凡大小所需之物料帐目。（红第十七回至第十八回）

物料已经购买，即日可齐。（第二十四回）

13. 晓得：明白，知道。

你如何连两句俗语也不晓得？（红第十三回）

孩儿晓得。（第八回）

二　词形不同

1. 脑袋/脑袋子：头。

若小的不尽心，除非不要这脑袋了。（红第六十一回）

如有半声不肯，把脑袋子砍掉你的。（第五回）

2. 今日/今日个：今天。

今日远客才来，可以不必上学去了。（红第三回）

今日个人真苦恼。（第十三回）

3. 煞/啥：什么。

打发咱们作煞事来？（红第六回）

做啥？（第十回）

三　共有方言词的分析

《红楼梦》和《珍珠塔》完全相同的方言词有 13 个，词形不同的方言词有 3 组，合计 15 个。下面再从两个角度对共有方言词进行分析。

（一）语法分类

从语法角度看，共有方言词都是词，没有熟语和短语。

1. 从词的音节数量上看，有单音词和复音词，没有多音词，有一组由于词形不同导致音节数量不同。

单音词：煞/啥。

复音词：畜生、耽搁、点心、孤拐、姑爷、后生、话头、舅母、狼犺、跟跄、事体、物料、晓得。

下面一组音节数量不同：脑袋/脑袋子。

2. 从词的结构上看，有单纯词和合成词，其中单纯词又分为单音单纯词和联绵词，合成词又分为复合词和派生词，还有一组因为词形不同分属不同类别。

单音单纯词：煞/啥。

联绵词：狼犺、跟跄、事体、物料、晓得。

复合词：畜生、耽搁、点心、孤拐、姑爷、后生、舅母。

派生词：话头。

下面一组分属复合词和派生词：脑袋/脑袋子。

3. 从词类上看，有名词、动词、形容词和代词。

名词：畜生、点心、孤拐、姑爷、后生、话头、舅母、事体、物料、脑袋/脑袋子。

动词：耽搁、跟跄、晓得。

形容词：狼犺。

代词：煞/啥。

（二）语义类别

由于数量少，在语义类别上没有突出特点。有两个亲属称谓词：姑爷、舅母。

第三节 对比的结论

对比前两节的比较结果，可以得出以下结论。

1. 共有的方言词数量。《红楼梦》与车王府子弟书、《珍珠塔》共有的方言词是：点心、话头、晓得。点心是南北方共有的，可以看作是通用语词汇，而晓得、话头虽然是南北方共有的，但不能看作是通用语词汇，通用语词汇与之对应的是知道、话。

在第二章，"凑巧、恶心、聒噪、寒毛、家伙、事体、赚"是《红楼梦》与苏南地方志共有的方言词；在第三章，"稀罕"是《红楼梦》与《吴下方言考》共有的方言词；在第四章，"好生、开交、偏生、应承、中意、作兴"是《红楼梦》与《海上花列传》共有的方言词。所以《红楼梦》与车王府子弟书共有的方言词需要减去 14 个，再减去南北共有的 1 个，合计 296 个。

在第二章，"煞"是《红楼梦》与京津冀地方志共有的方言词；在第三章，"脑袋"是《红楼梦》与《燕说》共有的方言词；在第四章，"孤拐、狼犺"是《红楼梦》与《儿女英雄传》共有的方言词。所以《红楼梦》与《珍珠塔》共有的方言词需要减去 4 个，再减去南北共有的 1 个，合计 10 个。

总之《红楼梦》与车王府子弟书相同的方言词是 296 个，与《珍珠塔》相同的方言词是 10 个。

2. 共有的方言词的特点。《红楼梦》与《珍珠塔》共有的方言词数量太少，特点不明显，但是《红楼梦》与车王府子弟书共有的方言词的有明显特点，例如儿化词，《红楼梦》的一些词在车王府子弟书里变成儿化词，共有 19 组，这是因为《红楼梦》是书面语写成的，车王府子弟书记录的是口语，儿化特点更突出。

总起来说，《红楼梦》与京津冀清代讲唱文学方言词更接近，与苏南清代讲唱文学方言词的关系很小。

第六章

结　语

一　《红楼梦》与清代南北方共同的方言词

第二章到第五章我们把《红楼梦》与清代北方、南方共有的方言词进行了对比，比较的对象包括地方志、方言著作、小说和讲唱文学中的方言词，下面我们不厌其烦，再次列出《红楼梦》与各类比较对象共有的方言词。

（一）《红楼梦》与清代地方志共有的方言词

1. 《红楼梦》与京津冀地方志共有的方言词

（1）完全相同

本事、笨、不害臊、不相干、才刚、搀、吵、串门子、趾、搭包、打抽丰、打嘴、大伯子、大模大样、大娘、得罪、吊猴、丢丑、翻脸、犯不上、犯不着、该着、哥儿、各人、今儿、坎肩儿、累赘、蚂蚱、猛不防、明儿、抹、拿主意、那里、能奈、你老、撵、瞥、齐整、俏皮、傻、婶子、数落、套间、玩、小人、丫头、吆喝、一块儿、硬朗、月亮、崽子、再说罢、在行、咱们、糟蹋、这里

（2）词形不同

瞅空儿/瞅空、管约儿/管约、小婶儿/小婶子、罨怨/抱怨、打急慌/打饥荒、颠夺/敁敠、点者/惦着、端者/端着、聒聒/蝈蝈、衚衕/胡同、洚嘴/强嘴、劳忉/唠叨、摹不著/摸不着、厦/煞、梯奚/梯己、嬉憨/稀罕、一休/一宿、收收/叔叔、小收子/小叔子

2. 《红楼梦》与苏南地方志共有的方言词

（1）完全相同

标致、不快、不耐烦、不中用、财主、诧异、缠、冲撞、畜生、凑巧、撺掇、打扮、打听、呆、呆子、挡、点心、东西、度量、掇、躲、恶心、发迹、奉承、干净、功夫、瓜葛、乖觉、聒噪、寒毛、糊涂、家

伙、精致、窟窿、懒腰、唠叨、跟跄、溜、流落、卖弄、莽撞、毛病、孟浪、腼腆、欺负、齐整、取笑、日头、事体、闩、酥、汤、体面、天亮、头面、望、葳蕤、稳重、丫头、腌臜、咬、舀、冤家、月半、月亮、在行、招摇、赚、赚钱、撞、捉弄

（2）词形不同

一出／一出子、抽替／抽屉、含胡／含糊、猫条／苗条、爽俐／爽利、亡赖／无赖、子细／仔细、倔僵／倔强

（二）《红楼梦》与清代方言著作共有的方言词

1. 《红楼梦》与《燕说》共有的方言词

（1）完全相同

伶俐、标致、絮叨、腌臜、咕哝、张罗、将养、打扮、腾挪、窟窿、抱怨、卖弄、支吾、欺负、害羞、平白、站、躲、闪、溜、等、扒、抬、拉、拐、扛、挨、捎、擦、揪、摔、撒、攥、挤、戳、搓、掐、打、抓、摆、安、靠、驮、沥、舀、晾、羼、赔、赊、赁、雇、付、够、丢、赖、亏、抄、㿜、吵、唠、鬼、俏、傻、堵、抠、剎、锹、拐、石、炕、闩、掩、胡同、搭、钉、镯、瞧、瞅、呸、舔、趾、乏、蛋、亲家、丫头、无赖、崽子、盘缠、梯己、玩、逛、漆黑、通红、馊、一宗、一顿、什么、这个、咱们、我们、你们、不中用、可怜见、人情、东西

（2）词形不同

苗条／猫条、罗唆／啰嗦、耽误、耽误、奚落／謑落、央求／诀求、账／帐、糟蹋／遭撇、撕／斯、搁／阁、挖／㕣、拌／扮、攒／儹、犟／彊、很／哏、筷、快、家伙／家火、桌／棹、扣／釦、备／鞴、脑袋／脑带、躺／踼、爬／爬、酸／疲、伙计／夥计、一棵／一科

2. 《红楼梦》与《吴下方言考》共有的方言词

（1）完全相同

顶缸、看、寒毛、丢、馊、飕飕、摆、舀、雇、喷香、散诞

（2）词形不同

叮当／丁当、含糊／啣唿、哈哈／呀呀、稀罕／希旴、唠叨／唠刀、烫／汤、逛／曠、吊／盎

(三)《红楼梦》与清代小说共有的方言词

1.《红楼梦》与《儿女英雄传》共有的方言词

(1) 完全相同

腌臜、碍着、湃、不值什么、不自在、吃食、出息、绰、凑趣、撺掇、搭着、打扮、打点、打横、打饥荒、大发、歹毒、淡话、叨叨、倒座、战敠、吊猴、斗牌、短、耳报神、风光、赶着、搁不住、孤拐、鼓捣、怪、果子、过逾、含含糊糊、好生、横三竖四、横竖、会子、饥荒、激、家当、家去、夹道、家生子儿、讲究、解闷儿、精、可惜了的、克化、款儿、来着、狼犺、劳动、老道、累赘、冷不防、撂、难缠、牛心、扭股儿糖似的、努嘴儿、怄、排揎、偏了、漆黑、前儿、勤谨、饶、揉搓、神道、声气、受用、随手、讨人嫌、忒、梯己、添补、头里、窝心脚、无事忙、想头、小的、斜签、心窝、旋子、靴掖、言语、爷们、一般、一溜烟、一起子、一条藤儿、硬气、匀、早晚、扎煞、扎挣、张罗、招、真个的、阵仗、知会、周旋、作成、昨儿、左性、作践

(2) 词形不同

打盹/打盹儿、胡同/胡同儿、脚踏/脚踏儿、可怜见的/可怜见儿的、容长脸/容长脸儿、身量/身量儿、眼热/眼儿热、缘法/缘法儿、当院/当院子、过道子/过道儿、背晦/悖晦、不当家花花的/不当家花拉的、成日家/成日价、敢自/敢则

2.《红楼梦》与《海上花列传》共有的方言词

(1) 完全相同

把、不是、吵、嗔、瞅睬、撮、大、乖、好生、呵、后生、话头、将、旧年、开交、立逼、溜、面善、奶奶、闹热、偏生、撒、齐整、起先、生活、首尾、停当、物件、物事、忒、相打、兴头、一应、应承、原、支使、中意、转来、自家、作成

(2) 词形不同

标致/缥致

（四）《红楼梦》与清代讲唱文学共有的方言词

1. 《红楼梦》与车王府子弟书共有的方言词

（1）完全相同

挨着、俺们、熬煎、巴不得、掰、摆布、摆弄、半晌、帮衬、包管、保不住、背地里、背晦、背人、惫懒、壁厢、编派、别个、饽饽、不打紧、不犯、不消、茶汤、扯臊、趁早儿、称心、成天家、吃亏、尺头、出挑、厨下、跐、凑巧、凑趣儿、促狭鬼、促狭、打点、担待、当院、档子、倒是、点心、吊猴、顶梁骨、兜肚、短命鬼儿、短、多嘴、恶心、耳刮子、耳旁风、乏、烦难、犯不上、方才、方儿、疯魔、该当、敢自、哥儿、各别、各人、各色、硌、够、咕咚、咕嘟、孤拐、姑奶奶、古板、鼓捣、褂子、怪不得、管保、管教、光景、逛逛、滚热、聒噪、哈气、害臊、寒毛、汉子、好生、合该、合式、哼哼唧唧、哼哼、横三竖四、胡话、胡闹、花子、荒唐、会子、晦气、荤腥、混、活计、饥荒、记挂、家伙、家去、将就、将息、叫唤、解手、精光、精细、拘管、开交、堪堪、看承、看看、可不是、可着、坑、快快、快手、款款、诳骗、亏了、癞蛤蟆、懒怠、烂、廊檐、浪、牢、痨病、老成、老早、了不得、冷不防、脸面、料理、灵透、另日、抡、落草、麻绳、毛毛虫、冒撞、名姓、乜斜、磨牙、末后儿、拿大、那们、奶母、年下、牛心、怄气、抛闪、偏生、撇下、破着、漆黑、气性、千万、亲家、嗫、清钱、擎、雀儿、人家、绒线、揉搓、肉皮儿、晌午、少时、生分、生怕、生生、生疼、事体、收拾、受用、熟、数落、耍钱、水牌、顺口、说嘴、撕罗、素、通共、突突、土坑、外厢、绾、王八、枉自、倭瓜、乌龟、稀烂、稀破、细腻、细挑、下作、宪书、消闲、小鬼儿、小家子、小气、小人、小性儿、小幺儿、小爷、晓得、歇歇、心下、心心念念、心眼子、新近、羞口、羞臊、靴掖、寻趁、寻思、牙根儿、牙牌、眼色、样儿、咬舌子、要紧、噎、爷们、野意儿、一场、一溜儿、一路儿、一气儿、一下子、因由、营生、应承、硬气、由头、油皮、余外、怨不得、咂嘴、咱们、遭儿、糟蹋、早间、造做、怎的、扎煞、扎挣、乍、展眼、仗着、招惹、这么、这们、着落、着忙、着意、真真、支使、只当是、中衣、周旋、赚、坠子、桌围、子侄、自管、左

不过、左性、作耗、作践、作脸

（2）词形不同

巴巴/巴巴儿、棒槌/棒槌儿、才刚/才刚儿、对过/对过儿、刚刚/刚刚儿、话头/话头儿、眉眼/眉眼儿、面皮/面皮儿、日头/日头儿、顺口/顺口儿、顺手/顺手儿、特意/特意儿、偷空/偷空儿、小人家/小人儿家、小姨/小姨儿、心窝/心窝儿、缘法/缘法儿、赌气/赌气子、头绳/头绳子、嘴唇/嘴唇子、耳挖子/耳挖儿、小姑子/小姑儿、小叔子/小叔儿、眼珠子/眼珠儿、彩头/采头、打量/打谅、担待/耽待、战敹/颠夺、分子/份子、埋怨/瞒怨、暖和/暖活、稀罕/希罕、眼睁睁/眼挣挣、成日家/成日价、葫芦/葫芦提、今日/今日个、明日/明日个、忒儿/忒儿楞楞、仗腰子/仗腰眼子、昨儿/昨儿个

2.《红楼梦》与《珍珠塔》共有的方言词

（1）完全相同

畜生、耽搁、点心、孤拐、姑爷、后生、话头、舅母、狼犺、踉跄、事体、物料、晓得

（2）词形不同

脑袋/脑袋子、煞/啥

以上这些词，尽管有的重出，第二章到第五章的最后都列举出《红楼梦》与南北方共有的方言词，但是，在总量上反映实质倾向，从数量上来看，《红楼梦》与京津冀方言共有的方言词数量多，与苏南共有的数量少。

二 旁证：《红楼梦》词汇异文体现的方言替换

对于《红楼梦》词汇异文变动所体现出来的方言变化，已经有学者进行研究，例如胡文彬《〈红楼梦〉的方言构成及其演变》[1]、刘宝霞《程高本〈红楼梦〉异文与词汇研究》[2]、郑昀《〈红楼梦〉各版本异文

---

[1] 胡文彬：《〈红楼梦〉的方言构成及其演变》，《辽东学院学报》2009年第2期。
[2] 刘宝霞：《程高本〈红楼梦〉异文与词汇研究》，《红楼梦学刊》2012年第3辑。

比较解读》①。胡文彬先生认为:"作者在'批阅十载,增删五次'的过程中已经对《红楼梦》中的方言进行了渐进式地修改。特别是在'去'南话方面,表现尤为突出。"列举了八条例证,例如甲戌本第七回出现的"台矶""台矶石",在后期版本被改为"台阶","台矶"与"台矶石"亦是南京话,"台阶"则为北方话,胡先生认为:"甲戌、己卯、舒序本'去'南方话较少,庚辰本开始'去'南方话逐渐增多,梦稿本、甲辰本已接近程甲本。"②

我们也对《红楼梦》词汇异文所体现的京津冀清代方言词进行过探讨,简述如下。

1. 坎肩儿③

(1)"坎肩儿"的异文

坎肩儿在《红楼梦》(仅限前八十回,下同)程乙本出现两次,分别是第八回和第四十回。

> 宝玉掀帘一迈步进去,先就看见薛宝钗坐在炕上作针线……蜜合色锦袄,玫瑰紫二色金银鼠坎肩儿。(第八回)
>
> 再找一找,只怕还有青的。……剩的配上里子,做些个夹坎肩儿给丫头们穿,白收着霉坏了。(第四十回)

程乙本第八回的"坎肩儿",卞藏本作"坎肩褂",甲戌本、乙卯本、蒙府本、戚序本、甲辰本、舒序本、程甲本都作"比肩褂"。程乙本第四十回的"坎肩儿",乙卯本、蒙府本、戚序本、甲辰本、舒序本、程甲本作"背心子",只有梦稿本作"坎肩儿",并且是修改过的,"坎"和"儿"是涂改后添加在原文右侧的字迹。

总之,《红楼梦》坎肩儿的异文包括坎肩褂、比肩褂和背心子。

坎肩和背心的所指相同,两者的差别除了出现时间不同之外,还有

---

① 郑昀:《〈红楼梦〉各版本异文比较解读》,博士学位论文,福建师范大学,2015年。
② 胡文彬:《〈红楼梦〉的方言构成及其演变》,《辽东学院学报》2009年第2期。
③ 高光新:《〈红楼梦〉"坎肩儿"考辨》,《红楼梦学刊》2014年第2辑。

应用地域的不同。清代夏子鎏等编纂的《玉田县志》,刊行于光绪十年(1884),卷七《舆地志·方音方言》收录玉田方言词,有374个词条,第346条是坎肩儿(序号为本文作者所加),原文是"坎肩儿:衣无袖者。南方曰背心。"这里明确指出,坎肩儿是没有袖子的上衣,在南方叫背心。《汉语大词典》:"坎肩:不带袖子的上衣(多指夹的、棉的、毛线织的)。古时也称半臂,南方多称背心。"坎肩和背心是同一种服饰,存在使用地域范围的差异。以北京话创作的《儿女英雄传》、以山东话创作的《醒世姻缘传》等文学作品,使用的都是坎肩,并且没有背心。

因此,《红楼梦》第四十回早期版本中的背心子,到后期的梦稿本、程乙本被北方话的坎肩儿代替,是《红楼梦》去方言化的结果。

(2) 坎肩儿和褂、背心子

坎肩和褂是两种不同的服饰,共同点是穿在外面,男女都可以穿,不同点是褂有袖子。

《红楼梦》里的褂出现的次数比较多,以庚辰本为例,除去第八回的1次,另外还有15次,分别是第三回王熙凤"外罩五彩刻丝石青银鼠褂",宝玉"外罩石青起花八团倭锻排穗褂",第九回宝玉"褂襟子"(不详什么褂),第十九回宝玉"外罩石青貂裘排穗褂",第四十二回贾母"穿着青皱绸一斗珠的羊皮褂子",第四十九回李纨"穿一件青哆罗呢对襟褂子",史湘云"穿着贾母与他的一件貂鼠脑袋面子大毛黑灰鼠里子里外发烧大褂子",宝玉"罩一件海龙皮小小鹰膀褂",第五十回宝玉的"半旧的狐腋褂",第五十一回袭人"外面穿着青缎灰鼠褂",并且包袱里带着"皮褂",王熙凤送给袭人"石青刻丝八团天马皮褂子""雪褂子",第五十二回宝玉的"大红猩猩毡盘金彩绣石青妆缎沿边的排穗褂子",第六十二回袭人说宝玉的"孔雀褂子",也就是第五十二回提到的雀金裘。除了袭人的两件,其余都是贾府主子才能穿的,袭人是宝玉的大丫鬟,由于回家,需要显示贾府的气派,所以可以穿褂子,王熙凤对此还不满意,又另外送了两件褂,以壮大声势,尤其是石青刻丝八团天马皮褂子,这是朝服的样式,显示了贾府的地位和等级,这里很明显地表明,王熙凤很重视宝玉的事情,没有把袭人当普通丫鬟看待，几乎是当作宝玉的妾，也就是半个主子来看待。裘的材质有银鼠、貂皮、羊皮、呢料、海龙皮、狐皮、灰鼠等，即使贾母穿的羊皮裘也是一斗珠的，不宜得到，总之都是名贵或者难得的材质。工艺有刻丝、彩绣等，制作难度大。以上都是为了显示裘的价值，不是普通人能穿的。

《红楼梦》中的背心，以庚辰本为例，除了第四十回的1次，还有5次，第三回"一个穿红绫袄青缎掐牙背心的丫鬟"，第二十四回"鸳鸯穿着水红绫子袄儿、青缎子背心"，第二十六回袭人"青缎背心"，第四十六回鸳鸯"青缎掐牙背心"，第五十七回紫鹃"外面只穿着青缎夹背心"。以上5次，穿背心的都是丫鬟，材料全都是青缎，样式普通，个别有掐牙。丫鬟婢女穿背心是吴地的风俗，《清稗类钞·奴婢类·搭脚娘姨》："吴谚有曰：'娘姨弗搭脚，落里有绉纱马甲。'落里，何处也。绉纱马甲，湖绉坎肩也。谓既得欢于主人，主人自必以坎肩赠之。"丫鬟婢女受到主人赏识，会得到主人送的坎肩。

现在回过头来看程乙本第八回的坎肩儿，首先穿的人是宝钗，身份是主子，不是丫鬟，其次是"玫瑰紫二色金银鼠"的，颜色是玫瑰紫，材质是银鼠，与丫鬟穿的背心所用的青缎不符，因此，这里的坎肩儿改动不恰当，不符合宝钗的身份，也不符合背心的颜色与材料。早期其他版本的比肩褂，是裘的一种，符合宝钗的身份，也符合裘的材料与颜色要求。

程乙本和梦稿本第八回之所以把背心子改为坎肩儿，有两方面的原因，一是由于坎肩是北方的词，背心是南方的词，体现了这两个版本去方言化的改动行为；二是不熟悉吴地的风俗。

2. 管约[①]

（1）"管约"的异文

管约这个词在《红楼梦》的各个版本里出现过两次，以己卯本为例：

[①] 高光新：《〈红楼梦〉"管约"解》，《红楼梦学刊》2015年第1辑。

第六章 结 语

> 只是薛蟠起初之心，原不欲在贾宅居住者，生恐姨父管约拘禁，料必不自在的。（己卯本第四回）
>
> （贾瑞）一任薛蟠横行霸道，他不但不去管约，反助纣为虐讨好儿。（己卯本第九回）

己卯本第四回的"管约拘禁"，甲戌本同作"管约拘禁"，庚辰本作"管的紧约"，戚宁本、列藏本、蒙府本、卞藏本作"管约拘紧"，舒序本、梦稿本作"管束拘紧"，甲辰本、程甲本、程乙本作"管束"。己卯本第九回的"管约"，其他各版本相同，都是"管约"。

《红楼梦语言词典》："管约：管教约束。"① 管约是管教约束的意思。这个解释比较准确。但是己卯本管约的异文之一是管束，管束在《红楼梦》里也有用例，以庚辰本为例：

> 这些人因贾母王夫人不在家，没了管束，便任意取乐，呼三喝四，喊七叫八。（庚辰本第六十二回）

其他各本同庚辰本。管约和管束是同义词，都可以解释为管教约束。可是为什么己卯本只有第四回的管约有异文，第九回的却没有？因此看来，管约和管束必定有词义差别。

光绪十年《玉田县志》卷七《舆地志·方音方言》："管约儿：有制服也。"管约儿是管约在口语里儿化的结果，意思是辖制并使之服从。

这条解释透露出的关键信息是"服"，管约不但要求管教，还要求服从，侧重点是服从，必须服从命令，不得违抗。而管束则不同，管束除了管教之外，还有约束，侧重约束，限制某人的言行，不能随便自我主张。

至此可以分析为什么己卯本第四回的管约存在异文，第九回的却没有。

---

① 周定一主编：《红楼梦语言词典》，商务印书馆1995年版，第309页。

己卯本第四回要表达的是贾政管约薛蟠，贾政是薛蟠的姨父，是长辈，有权管约薛蟠。《红楼梦》里到了贾政这一辈，荣国府的长辈对晚辈比较开明，管教以言语训诫为主，较少体罚，即便是管教也以约束晚辈的言行为主，较少展示家长的威权，强迫晚辈服从。前面所举庚辰本第六十二回的例子，贾母、王夫人外出，大观园里的众人没有了管束，说明贾母和王夫人对大观园众人约束较轻，贾政对宝玉的管教也是约束为主。

庚辰本第十九回：近来仗着祖母溺爱，父母亦不能十分严紧拘管，更觉放荡弛纵，任性恣情，最不喜务正。

贾政和王夫人对宝玉是拘管，拘禁管教，侧重于禁止宝玉游玩，以免不务正业，并没有强制命令宝玉必须服从。在贾政眼里，正业是读《四书》参加科举考试，取得功名，第九回贾政让李贵转告塾师贾代儒："只是先把《四书》一气讲明背熟，是最要紧的。"宝玉不喜欢读书，厌恶科举考试，反而在诗词歌赋等杂学上有成就，擅长对对联，这在当时是不务正业，贾政也没有强力制止，在第十七回"大观园试才题对额"，宝玉题匾额、题对联发挥出色，贾政非常高兴。第七十七回"老学士闲征姽婳词"，贾政自我开导，宝玉不喜欢读书，擅长诗词歌赋等杂学，"也还不算十分玷辱了祖宗"，反而贾家前人"虽有深精举业的，也不曾发迹过一个"。

贾政没有完全放纵宝玉，还体罚过一次，第三十三回，忠顺王府长史官因为琪官之事找上门来，同时贾环进谗言说金钏之死与宝玉有关，贾政恼怒羞愧，着力痛打宝玉一回。

总之，贾政对宝玉的管教不算十分严，其中原因除了家风以外，还与我国古代的教育传统有关，父亲不直接教子女，而是以身示范为主。《世说新语·德行》："谢公夫人教儿，问太傅：'那得初不见君教儿？'答曰：'我常自教儿。'"谢安的夫人埋怨他不教育儿子，谢安说自己经常教育儿子，言外之意是用自己的言行作为示范来教育儿子。贾政也不直接教宝玉，时常从宝玉的业师那里了解宝玉的读书情况，第十八回说："前日贾政闻塾师背后赞宝玉偏才尽有，贾政未信。"

第六章 结 语

　　由于贾政对晚辈不是严格苛刻的管教，又是薛蟠的姨父，不便于直接管，即便是管教，顶多也是劝诫几句，并没有强制的约束力。所以己卯本第四回的管约，有些后来的版本改成了管束，去掉了管约蕴含的使之服从意味。

　　己卯本第九回是贾瑞管约薛蟠，贾瑞是暂且替贾代儒管理学堂，己卯本第九回："可巧这日代儒有事，早已回家去了，又留下一句七言对联，命学生对了，明日再来上书；将学中之事，又命贾瑞暂且管理。"贾瑞是宝玉的同辈人，与薛蟠也是同辈人，又由于贾瑞自身处事不公正，并且家道衰落，所以薛蟠并不怕他。

　　贾瑞虽然是薛蟠的同辈，但职责是代替塾师，也有权管约薛蟠。师父教育徒弟则必须严格，《三字经》："教不严，师之惰。"教得不严，会被认为是师父失职。学生对师父则必须要尊敬，《吕氏春秋·劝学》："事师之犹事父也。"对待师父就要像对待父亲一样。对于师父的管教需要服从，如果不听，会受到训斥，或者受到体罚，《儒林外史》第七回："本该考居极等，姑且从宽，取过戒饬来，照例责罚。"

　　具体到《红楼梦》，第五回宝玉见到太虚幻境，欢喜异常，"这个去处有趣，我就在这里过一生，纵然失了家也愿意，强如天天被父母师傅打呢。"宝玉天天挨打这件事，有夸张成分，从前引第十九回来看，贾政王夫人是不敢严管宝玉的，因此只能是师父打宝玉。宝玉不敢不服从师父，但不能顶撞，只好辞退师父，第七回宝玉对秦钟说："我因业师上年回家去了，也现荒废着呢。"业师一去不回的原因，必定是因为宝玉不好管教，不可能是自己主动回去的，侧面的证据是贾雨村从江南甄家辞馆，第二回贾雨村对冷子兴说甄宝玉："也因祖母溺爱不明，每因孙辱师责子，因此我就辞了馆出来。"甄宝玉实际上是宝玉的另一面，宝玉的业师辞馆原因与他的相同。

　　由于贾瑞是代替贾代儒，处在师父的位置，有权管约学生并让学生听从，所以己卯本第九回的管约没有异文。

　　（2）管约是方言词

　　还需要注意的是，管约是一个方言词。检索清代小说 116 种（以早期白话文小说为主，不包括《红楼梦》），管约没有用例。只有《歧路灯》有一个类似的词组,《歧路灯》第八回:"却也有七分喜,喜这小主人,指日便有收管约束。"管约的词义接近于收管约束。《歧路灯》作者李绿园,生活于清代乾隆时期,河南宝丰人。检索清代笔记220种,没有出现管约。检索波多野太郎《中国方志所录方言汇篇》(一至九篇)①,清代的地方志除了光绪《玉田县志》,都没有管约。因此在目前条件下,可以认为管约是玉田独有的方言词。

《红楼梦》里有玉田特产胭脂稻,这种水稻在当地至今仍然出产,加上玉田特有的方言词管约,说明曹雪芹对于玉田还是有所了解的。光绪《玉田县志》第247条是打秋风,"打秋风:所谓飑也。又曰打尊儿,惟博场云然。盖总如南方所谓打抽丰、打把拾也。"在玉田使用打秋风,在南方使用打抽丰,而《红楼梦》使用的就是打抽丰,庚辰本第三十九回:"忽见上回来打抽丰的刘姥姥和板儿又来了。"《玉田县志》收的方言词与《红楼梦》的用例有同有不同,这说明曹雪芹对玉田只能是了解,不能说是很熟悉。出现这种情况的原因,可能与曹雪芹和丰润曹氏的关系有关,在清代,玉田和丰润是遵化直隶州仅有的两个属县,曹雪芹通过丰润曹氏了解到玉田,毕竟玉田不是丰润,曹雪芹不能够完全熟悉玉田。

有两个明显的玉田特有的方言词,显得玉田色彩太明显,为了减少一些,《红楼梦》后期版本在去方言化的时候,把己卯本第四回的管约改为了管束。同样的还有坎肩儿,光绪《玉田县志》第346条是坎肩儿,"坎肩儿:衣无袖者。南方曰背心。"在清代,北方玉田等地的坎肩儿,在南方叫背心,《红楼梦》各版本也存在着坎肩儿替换背心的现象,程乙本和梦稿本第四十回把背心子改为坎肩儿,是用北方通用词替换南方通用的词。

3. 打抽丰②

光绪十年《玉田县志》:打秋风:所谓飑也。又曰打尊儿,惟博场

---

① 波多野太郎:《中国方志所录方言汇编》(一至九篇),横滨市立大学纪要,1963—1972年。

② 高光新:《唐山方言词汇研究》,中国社会科学出版社2015年版,第135—136页。

云然。盖总如南方所谓打抽丰、打把拾也。

《红楼梦》（庚辰本）第三十九回："忽见上回来打抽丰的刘姥姥和板儿又来了。"

打秋风，意为假借各种名义向人索取财物。《玉田县志》认为就相当于当时南方的打抽丰，《红楼梦》使用的正好是打抽丰。

打秋风和打抽丰都出现在明代。检索明代小说29种（以早期白话文小说为主），打抽丰出现7次，《醒世恒言》3次，《初刻拍案惊奇》《二刻拍案惊奇》《型世言》《明珠缘》各1次；打秋风出现2次，《警世通言》《石点头》各1次。检索明代笔记229种，打抽丰没有出现；打秋风出现3次，《七修类稿》《万历野获编》《尧山堂外纪》各1次。总计打抽丰出现7次，打秋风出现4次，《醒世恒言》和《警世通言》的作者都是冯梦龙，分不出打抽丰与打秋风的地域分布差异。

检索清代小说116种（以早期白话文小说为主），打抽丰出现23次，除了《红楼梦》的1次，《歧路灯》5次，《李笠翁小说十五种》4次，《海上尘天影》2次，《春柳莺》《豆棚闲话》《二十年目睹之怪现状》《儿女英雄传》《后水浒传》《后西游记》《九命奇冤》《绿野仙踪》《平山冷燕》《巧连珠》《续金瓶梅》各1次；打秋风出现9次，《风月梦》3次，《儒林外史》2次，《补红楼梦》《红楼圆梦》《平山冷燕》《侠义风月传》各1次。需要注意的是，《儿女英雄传》是清代中期用北京话写成的小说，作者文康，八旗子弟，《续金瓶梅》的作者丁耀亢，山东中部的诸城（今属五莲县）人，用的是山东话，使用的都是打抽丰，而不是打秋风。

因此，打抽丰和打秋风的区别不是地域问题，应该是使用习惯问题，南方和北方都有二者的用例。虽然《玉田县志》的论断不确切，但不妨碍它与《红楼梦》的用例不同。

综上所述，《红楼梦》的词汇异文体现着"去"南方话的倾向，即用北方话尤其是用京津冀方言词替换，但是并没有完全替换，例如上面的打抽丰。

三 结论

再回顾第二章到第五章对比的结论：

在地方志方言词方面，《红楼梦》与北方和南方都有密切关系。在共有的方言词总量上，《红楼梦》和苏南清代地方志相同的多，数量占优势。但是在亲属称谓词、人称代词和惯用语方面，《红楼梦》和京津冀清代地方志相同的多，特色方言词占优势。

在方言志著作方言词方面，《红楼梦》有个别词语具有非常明显的地域色彩，例如"炕"和"胡同"是北方特有的名物词。总起来看，《红楼梦》与记录京津冀清代方言词的《燕说》关系更密切。

在小说方言方面，《红楼梦》与《儿女英雄传》共有的方言词主要有两个特点，一是儿化词比较多，《红楼梦》里的许多儿化词到了《儿女英雄传》里变成不是儿化词；二是有些词语具有非常明显的地域色彩，例如"胡同"是北方特有的名物词，"胡同、梯己"在京津冀地方志、《燕说》和《儿女英雄传》里都出现了。《红楼梦》与《海上花列传》共有的方言词特点不明显。

在讲唱文学方面，由于车王府子弟书有22篇演绎《红楼梦》，导致二者相同的方言数量大。

以上四个方面，只有在地方志方言方面，《红楼梦》与苏南共有的方言词数量大于与京津冀共有的。但是，在特色方言词方面，《红楼梦》与京津冀方言词共有的亲属称谓词、人称代词、惯用语、儿化词，特点都比较突出。

因此，从方言词数量与特色方言词两个角度来看，《红楼梦》的基础方言词是京津冀清代方言词，同时吸收了其他方言区的方言词，例如苏南、山东的方言词，但是在数量上要少于京津冀方言词。

附 录

方言词索引

A

腌臜 24，33，34，35，38，52，53，58，60，76，77，78，97，154，155

挨 40，52，53，54，61，70，72，76，103，108，154，163

挨着 101，130，147，156

碍着 61，76，77，78，155

安 2，15，16，20，24，28，41，42，44，52，53，54，55，62，63，67，68，69，70，71，72，73，75，87，94，95，103，104，105，107，108，109，114，117，118，120，124，133，134，154，162

安插 87，88

俺们 101，142，143，144，147，156

熬煎 101，120，142，143，144，146，156

B

巴巴 129，135，142，144，147，157

巴不得 101，147，156

扒 39，52，53，54，154

把 5，6，8，13，23，27，36，40，41，44，45，46，50，55，56，59，60，61，62，64，65，67，69，70，71，72，73，74，75，80，81，85，86，87，88，91，92，93，94，96，99，101，103，106，107，111，114，115，116，117，118，119，120，121，122，123，124，125，126，127，128，129，130，131，133，134，135，136，137，140，141，150，153，155，159，160，162，164，165

掰 101，142，143，144，146，156

摆 41，52，53，54，55，57，58，64，65，66，83，84，88，92，101，106，118，119，121，123，130，154

摆布 101，142，143，144，146，156

摆弄 64, 101, 109, 134, 142, 143, 144, 146, 156
半晌 102, 142, 143, 144, 146, 156
拌 50, 52, 53, 100, 154
帮衬 102, 142, 143, 144, 146, 156
棒槌 135, 142, 144, 145, 146, 157
包管 102, 142, 143, 144, 146, 156
保不住 102, 147, 156
抱怨 7, 19, 21, 22, 38, 52, 53, 103, 140, 153, 154
备 15, 17, 28, 50, 52, 53, 64, 70, 84, 90, 104, 105, 106, 128, 140, 141, 154
背地里 55, 90, 102, 147, 156
背晦 76, 77, 78, 102, 142, 143, 144, 146, 155, 156
背人 102, 142, 143, 144, 146, 156
惫懒 102, 142, 143, 144, 146, 156
本事 12, 16, 21, 22, 153
笨 12, 21, 22, 44, 67, 83, 121, 149, 153
壁厢 103, 142, 143, 144, 146, 156
编派 103, 142, 143, 144, 146, 156

标致 24, 33, 34, 37, 52, 53, 58, 85, 86, 93, 97, 153, 154, 155
别个 103, 142, 143, 144, 147, 156
饽饽 103, 120, 123, 142, 143, 144, 146, 156
不打紧 103, 123, 147, 156
不当家花花的 76, 78, 79, 155
不犯 91, 103, 147, 156
不害臊 12, 22, 35, 111, 153
不拘 56, 88
不快 24, 34, 123, 153
不耐烦 24, 34, 60, 153
不是 1, 6, 8, 16, 17, 18, 26, 35, 37, 43, 44, 47, 54, 60, 67, 69, 72, 80, 83, 85, 86, 87, 88, 90, 96, 98, 100, 102, 105, 114, 115, 116, 119, 132, 133, 134, 137, 139, 140, 155, 160, 163, 164, 165, 166
不相干 12, 14, 22, 35, 63, 88, 153
不消 94, 95, 103, 137, 147, 156
不值什么 61, 79, 155
不中用 24, 34, 48, 54, 58, 63, 135, 148, 153, 154

不自在 18, 61, 79, 155, 161

C

擦 19, 40, 52, 53, 54, 81, 104, 154

才刚 12, 13, 21, 22, 61, 136, 143, 144, 145, 146, 153, 157

财主 25, 33, 34, 153

彩头儿 140

茶汤 103, 104, 142, 143, 144, 146, 156

诧异 25, 33, 34, 153

搀 13, 21, 22, 153

缠 25, 33, 34, 68, 102, 125, 127, 153

羼 42, 52, 53, 154

常时 88

抄 8, 10, 43, 52, 53, 54, 75, 133, 154

绰 61, 76, 77, 78, 108, 155

吵 13, 14, 21, 22, 32, 43, 52, 53, 54, 80, 85, 86, 91, 97, 112, 118, 153, 154, 155

扯臊 104, 142, 143, 144, 146, 156

嗔 80, 85, 86, 105, 107, 137, 149, 155

称心 104, 142, 143, 144, 146, 156

趁早儿 17, 104, 111, 142, 143, 144, 146, 147, 156

成日家 76, 77, 78, 140, 143, 144, 145, 146, 155, 157

成天家 104, 122, 142, 144, 145, 147, 156

吃亏 104, 106, 142, 143, 144, 146, 156

吃食 61, 76, 77, 78, 155

尺头 88, 104, 141, 142, 143, 145, 146, 156

冲撞 25, 33, 34, 153

抽屉 32, 33, 34, 154

抽头 32, 88, 131

瞅 45, 52, 53, 54, 108, 154

瞅睬 80, 85, 86, 155

瞅空 7, 18, 21, 22, 115, 153

出挑 7, 61, 104, 127, 142, 143, 144, 146, 156

出息 61, 76, 77, 78, 155

厨下 104, 105, 142, 143, 144, 146, 156

串门子 13, 21, 22, 35, 153

戳 41, 52, 53, 54, 67, 154

跐 13, 21, 22, 46, 52, 53, 54, 105, 117, 142, 143, 144, 146, 153, 154, 156

凑巧 25, 33, 34, 105, 142, 143, 144, 146, 151, 153, 156

凑趣 62，76，77，78，155
凑趣儿 62，105，142，143，144，146，147，156
促狭 105，141，142，143，144，146，156
促狭鬼 105，142，144，146，147，156
撺掇 25，33，34，62，76，77，78，116，153，155
搓 41，52，53，54，105，121，154
撮 80，81，85，86，138，155

D

搭 45，50，52，53，64，81，82，91，103，108，128，130，134，154，160
搭包 13，21，22，153
搭着 62，76，77，78，93，130，155
打 12，13，19，20，22，27，29，38，41，44，46，48，51，52，53，54，61，65，70，72，73，76，80，81，83，84，87，88，89，94，100，101，104，105，106，107，108，109，110，111，112，113，114，115，116，117，118，122，123，124，125，129，130，131，135，136，138，139，141，143，144，145，146，149，150，153，154，157，162，163，164，165
打扮 25，33，34，38，52，53，58，62，76，77，78，83，97，112，117，153，154，155
打抽丰 13，22，35，153，164，165
打点 61，62，76，77，78，105，142，143，144，146，155，156
打盹 74，77，78，155
打横 62，76，77，78，155
打饥荒 19，22，35，62，78，153，155
打量 139，143，144，145，146，157
打听 17，20，25，33，34，94，153
打嘴 13，21，22，123，153
大 1，2，3，4，6，7，8，10，11，12，13，14，15，16，17，18，19，20，21，23，24，25，28，29，32，34，36，37，43，44，45，49，51，54，56，59，61，62，64，66，67，68，69，70，71，73，74，75，76，79，80，81，82，83，85，86，88，89，91，92，93，94，96，97，99，100，101，102，104，

105，107，108，109，111，
113，114，115，117，118，
119，120，121，122，123，
125，126，127，128，129，
131，133，134，136，139，
141，148，149，150，155，
157，159，160，162，164，
166

大伯子 7，13，19，21，22，23，35，153

大发 62，76，77，78，155

大模大样 13，14，22，153

大娘 14，15，21，22，23，35，62，73，101，153

呆 26，33，34，68，75，153

呆子 26，33，34，109，139，153

歹毒 63，76，77，78，155

担待 96，105，139，141，142，143，144，145，146，156，157

耽搁 148，149，150，151，157

耽误 49，52，53，110，154

石 8，37，44，45，52，53，56，106，110，114，119，154，158，159，165

淡话 63，76，77，78，88，95，97，155

蛋 6，46，52，53，70，81，100，117，154

当院 75，77，78，79，105，141，142，143，144，146，155，156

挡 26，33，34，106，153

档子 106，142，143，145，146，156

叨叨 63，76，77，78，123，155

倒是 68，106，125，142，143，144，147，156

倒座 63，76，77，78，155

得罪 14，21，22，130，153

等 3，4，5，6，7，8，11，13，17，18，27，28，29，30，32，39，41，42，43，44，45，46，48，50，51，52，53，54，55，56，59，60，61，62，63，64，65，67，68，69，71，74，75，76，79，80，81，83，84，85，86，87，88，95，96，99，104，106，107，109，110，111，113，115，117，118，122，123，124，126，128，131，135，137，140，141，149，150，154，159，160，162，163，164

战敠 19，21，22，63，76，77，78，139，143，144，146，153，155，157

点心 26，33，34，45，69，106，141，142，143，144，146，

149，150，151，153，156，
157

惦着 19，22，153

吊 48，50，56，57，92，125，
134，154

吊猴 14，21，22，63，76，77，
78，106，142，143，144，
146，153，155，156

叮当 56，57，154

钉 45，52，53，71，117，122，
124，137，154

顶缸 54，57，154

顶梁骨 106，142，156

丢 13，14，43，51，52，53，
55，57，58，62，64，81，83，
85，89，104，119，120，
131，132，154

丢丑 14，21，22，153

东西 14，26，32，33，34，40，
42，45，48，49，52，53，60，
62，64，67，68，69，84，91，
92，102，105，114，116，
118，125，126，129，130，
134，135，141，153，154

兜肚 106，142，143，144，146，
156

斗牌 63，76，77，78，155

堵 44，52，53，154

赌气 38，138，143，144，145，
146，157

度量 26，33，34，88，153

端着 19，22，71，153

短 17，19，21，22，33，34，
52，54，57，63，76，77，78，
79，85，88，90，100，106，
123，130，142，143，144，
146，147，150，155，156

短命鬼儿 106，142，144，146，
147，156

对过 136，143，144，145，146，
157

多嘴 107，142，143，144，146，
149，156

掇 26，33，34，105，108，153

躲 26，31，33，34，38，39，
50，52，53，54，72，103，
124，128，137，153，154

剁 44，52，53，154

D

恶心 26，33，34，107，142，
143，144，146，151，153，
156

耳报神 63，64，76，77，78，
155

耳刮子 107，142，144，145，
146，156

耳旁风 24，107，142，144，
146，156

耳挖子 138，139，143，144，

145，146，157

F

发迹 26，27，33，34，153，162

乏 4，27，28，42，46，52，53，60，95，105，107，138，141，142，143，144，146，154，156

翻脸 6，14，21，22，153

凡百 88

烦难 107，142，143，144，146，156

犯不上 14，22，35，107，147，153，156

犯不着 14，22，35，153

方才 14，16，67，83，89，92，107，110，112，115，123，136，142，143，144，147，156

方儿 68，108，142，143，144，146，147，156

分子 126，139，143，144，145，146，157

风光 64，76，77，78，155

疯魔 94，108，129，142，143，144，146，156

奉承 27，33，34，81，138，153

付 43，52，53，62，68，88，89，154

G

该当 14，108，142，143，144，147，156

该着 14，21，22，153

干 9，31，38，40，42，48，70，75，88，89，95，104，111，114，119，120，130，132，136，148

干净 24，27，28，33，34，38，60，64，83，109，114，149，153

赶着 64，79，114，155

敢自 76，77，78，108，111，142，143，144，147，155，156

刚刚 132，136，143，144，145，147，157

哥儿 14，15，21，22，35，103，108，112，142，143，144，146，147，153，156

搁 18，49，52，53，69，71，148，148，154

搁不住 64，79，155

各别 108，142，143，144，146，156

各人 15，21，22，25，30，35，62，99，108，116，139，142，143，144，146，153，156

各色 61，108，142，143，144，

146，156
硌 108，109，142，143，144，146，156
功夫 27，33，34，149，153
够 1，4，11，36，43，52，53，63，89，109，142，143，144，146，154，156，164
咕咚 109，141，142，143，144，146，156
咕嘟 109，142，143，144，146，156
咕哝 17，38，52，53，154
姑奶奶 71，73，109，141，142，144，146，156
姑爷 73，76，102，128，149，150，151，157
孤拐 64，76，77，78，109，142，143，144，146，149，150，151，152，155，156，157
古板 109，142，143，144，146，156
鼓捣 64，76，77，78，109，142，143，144，146，155，156
雇 43，51，52，53，55，57，154
瓜葛 27，33，34，153
褂子 28，38，54，109，142，143，145，146，156，159

乖 30，81，85，86，155
乖滑 89
乖觉 27，33，34，153
拐 14，40，44，52，53，95，101，117，124，154
怪 29，48，64，68，73，74，76，77，78，80，81，89，97，105，110，119，126，138，155，165
怪不得 108，110，131，147，156
管保 110，142，143，145，146，156
管教 110，142，143，145，146，156，161，162，163
管约 18，21，22，153，160，161，162，163，164
光景 72，110，132，142，143，145，146，156
逛 47，52，53，56，57，58，84，102，104，106，115，123，124，136，154
逛逛 64，110，142，143，145，146，156
鬼 14，44，48，52，53，60，63，67，89，106，118，125，126，132，138，143，144，146，154
滚热 110，142，143，145，146，156

聒噪 27, 33, 34, 110, 142, 143, 145, 146, 151, 153, 156

蝈蝈 15, 19, 21, 22, 153

果子 55, 61, 64, 70, 76, 77, 78, 88, 155

过道子 75, 76, 77, 78, 79, 155

过逾 64, 76, 77, 78, 155

H

哈哈 56, 57, 154

哈气 81, 110, 111, 142, 143, 145, 146, 156

害 74, 89, 115, 135, 139

害臊 111, 142, 143, 145, 146, 156

害羞 29, 39, 52, 53, 68, 111, 128, 154

含含糊糊 64, 65, 76, 78, 79, 97, 155

含糊 32, 33, 34, 56, 57, 97, 154

寒毛 27, 33, 34, 55, 57, 111, 142, 143, 145, 146, 151, 153, 154, 156

汉子 89, 111, 142, 143, 145, 146, 156

好气 89

好生 65, 76, 77, 78, 81, 82, 84, 85, 86, 89, 97, 111, 117, 142, 143, 145, 147, 151, 155, 156

呵 17, 81, 85, 86, 100, 148, 155

合该 89, 111, 142, 143, 145, 146, 156

合式 111, 142, 143, 145, 146, 156

很 1, 3, 4, 8, 11, 23, 36, 39, 47, 50, 52, 53, 54, 57, 58, 64, 65, 70, 71, 72, 81, 83, 85, 89, 94, 99, 100, 106, 109, 112, 116, 117, 122, 128, 132, 135, 152, 154, 159, 164

哼哼 111, 142, 143, 145, 146, 156

哼哼唧唧 112, 147, 156

横三竖四 65, 78, 79, 112, 141, 147, 155, 156

横竖 12, 65, 74, 77, 78, 84, 133, 155

哄 65, 72, 81, 89, 127, 134, 134, 136

后生 81, 85, 86, 149, 150, 151, 155, 157

胡话 112, 142, 143, 145, 146, 147, 156

胡闹 83, 112, 142, 143, 145,

146, 156

胡同 19, 20, 21, 22, 45, 52, 53, 58, 74, 77, 78, 79, 98, 141, 153, 154, 155, 166

葫芦提 96, 140, 143, 144, 147, 157

糊涂 13, 27, 33, 34, 35, 74, 76, 96, 102, 121, 127, 131, 140, 153

护短 89, 90

花子 90, 112, 132, 142, 143, 145, 146, 156

话头 81, 85, 86, 110, 136, 143, 144, 145, 146, 149, 150, 151, 155, 157

荒唐 112, 123, 141, 142, 143, 145, 146, 156

会子 12, 14, 20, 27, 49, 63, 65, 70, 76, 77, 78, 83, 107, 112, 120, 128, 139, 142, 143, 145, 146, 155, 156

晦气 112, 142, 143, 145, 146, 156

荤腥 113, 142, 143, 145, 146, 156

混 38, 100, 113, 128, 142, 143, 144, 146, 156

活计 6, 113, 142, 143, 145, 146, 156

伙计 29, 51, 52, 53, 90, 154

J

饥荒 65, 77, 78, 113, 134, 142, 143, 145, 146, 155, 156

激 6, 29, 65, 77, 78, 90, 99, 110, 115, 155

挤 28, 41, 52, 53, 54, 56, 70, 154

记挂 113, 127, 142, 143, 145, 146, 156

夹道 66, 77, 78, 79, 155

家当 65, 77, 78, 155

家伙 27, 28, 33, 34, 50, 52, 53, 58, 113, 142, 143, 145, 146, 151, 153, 154, 156

家去 66, 77, 78, 113, 120, 123, 142, 143, 145, 146, 155, 156, 163

家生子儿 66, 77, 78, 79, 155

家私 90

将 17, 20, 30, 38, 39, 41, 50, 51, 56, 61, 62, 67, 69, 70, 81, 82, 83, 84, 85, 86, 88, 89, 91, 92, 101, 104, 108, 110, 112, 114, 115, 116, 117, 118, 119, 121, 122, 130, 134, 136, 137, 139, 141, 149, 155, 163

将就 113，114，142，143，145，146，156

将息 111，114，142，143，145，146，156

将养 38，52，53，154

讲究 66，77，78，155

犟 50，52，53，154

嚼舌根 90

脚踏 50，74，77，78，155

叫唤 114，142，143，145，146，156

揭挑 90

解闷儿 66，77，78，79，155

解手 114，142，143，145，146，156

今儿 15，17，20，21，22，24，56，67，85，93，110，122，124，137，141，153

今日 15，37，68，76，99，110，113，115，116，120，122，133，137，140，143，144，145，146，148，150，157

紧溜子 96

精 28，30，66，77，78，114，115，136，155，162

精光 82，114，142，143，145，146，156

精细 114，125，142，143，145，146，156

精致 28，33，34，71，134，153

揪 40，52，53，54，117，135，154

旧年 81，82，85，86，155

就着 90

舅母 137，149，150，151，157

拘管 114，132，142，143，145，146，156，162

倔强 33，34，35，90，154

K

开交 82，85，86，114，142，143，145，146，151，155，156

堪堪 115，142，143，145，147，156

坎肩儿 15，21，22，153，158，159，160，164

看 2，7，11，16，18，21，22，25，27，30，31，33，34，35，38，39，41，43，45，47，52，53，55，57，58，59，60，62，64，65，66，67，68，69，72，73，74，75，76，77，78，80，82，83，85，86，90，91，95，97，100，102，103，107，108，109，113，115，116，118，119，121，124，127，131，133，134，135，136，139，140，141，142，143，144，146，148，150，151，

154, 157, 158, 159, 160, 161, 163, 166
看承 115, 142, 143, 145, 146, 156
看看 49, 71, 85, 107, 112, 115, 142, 143, 145, 146, 156
扛 40, 52, 53, 54, 73, 154
炕 14, 19, 40, 45, 47, 51, 52, 53, 55, 58, 74, 124, 136, 141, 146, 154, 158, 166
靠 1, 30, 40, 42, 52, 53, 74, 86, 101, 119, 132, 154
可不是 11, 12, 99, 115, 147, 156
可怜见 48, 54, 64, 74, 79, 154, 155
可怜见的 48, 74, 79, 155
可惜了的 66, 79, 155
可着 115, 123, 142, 143, 145, 146, 156
克化 66, 77, 78, 155
坑 75, 105, 115, 126, 142, 143, 144, 146, 156
抠 44, 52, 53, 124, 154
扣 50, 52, 53, 91, 100, 102, 103, 104, 107, 108, 109, 110, 111, 113, 117, 118, 120, 122, 126, 128, 134, 137, 139, 154
窟窿 28, 33, 34, 35, 38, 52, 53, 54, 58, 154
快快 115, 123, 142, 143, 145, 146, 156
快手 115, 133, 142, 143, 145, 146, 156
筷 50, 52, 53, 113, 154
款儿 67, 77, 78, 79, 155
款款 116, 142, 143, 145, 146, 156
诓 90, 136, 139
诓骗 116, 142, 143, 145, 146, 156
亏 27, 42, 43, 52, 53, 67, 90, 116, 122, 127, 137, 141, 154
亏了 43, 110, 116, 119, 130, 142, 143, 145, 146, 156

L

拉 14, 40, 51, 52, 53, 54, 60, 61, 62, 68, 76, 78, 79, 80, 90, 96, 100, 103, 107, 108, 119, 120, 121, 135, 137, 141, 154, 155
来着 15, 67, 77, 78, 155
赖 32, 33, 34, 43, 52, 53, 154
癞蛤蟆 116, 142, 144, 145,

146，147，156

懒怠 25，62，116，142，143，145，146，156

懒腰 28，33，34，154

烂 116，141，142，143，144，146，156

狼犺 67，77，78，149，150，151，152，155，157

廊檐 116，142，143，145，146，156

浪 18，49，84，116，117，125，131，142，143，144，146，156

劳动 6，43，51，55，67，77，78，91，155

牢 105，115，117，142，143，144，147，156

唠 44，52，53，54，56，154

唠叨/唠刀 56，57，154

唠叨 20，21，22，28，33，34，35，56，58，153，154

痨病 117，142，143，145，146，156

老成 30，67，91，117，142，143，145，147，156

老道 67，77，78，155

老早 117，142，143，145，146，156

勒揎 91

累赘 15，21，22，67，77，78，153，155

冷不防 67，78，117，147，155，156

立逼 82，85，86，155

脸面 117，125，130，135，142，143，145，146，156

晾 42，52，53，154

踉跄 28，33，34，35，149，150，151，154，157

膫子 91

了不得 65，76，117，147，156

了吊 91

料理 69，73，90，96，102，117，142，143，145，146，156

撂 60，67，77，78，117，134，155

赁 42，51，52，53，154

伶俐 37，52，53，110，154

灵透 118，142，143，145，147，156

另日 118，142，143，145，146，156

溜 19，28，33，34，39，52，53，54，82，85，86，96，102，123，128，130，137，154，155

流落 28，33，34，154

抡 66，89，118，142，143，144，146，156

啰嗦 49, 52, 53, 154
罗唣 91
落 6, 27, 49, 50, 52, 53, 60, 73, 75, 84, 89, 91, 106, 113, 123, 125, 132, 154, 160, 163
落草 118, 137, 142, 143, 145, 146, 156

M

麻绳 118, 142, 143, 145, 146, 156
蚂蚱 15, 19, 21, 22, 153
埋怨 7, 19, 38, 80, 140, 143, 144, 145, 146, 157, 162
卖弄 28, 33, 34, 38, 52, 53, 58, 154
瞒哄 91, 104, 122
莽撞 28, 33, 34, 35, 118, 154
毛病 28, 29, 33, 34, 154
毛毛虫 118, 121, 142, 144, 145, 146, 156
冒撞 118, 142, 143, 145, 147, 156
眉眼 136, 143, 144, 145, 146, 157
昧 29, 91
猛不防 15, 22, 35, 103, 153
孟浪 29, 33, 34, 35, 154
腼腆 29, 33, 34, 35, 75, 154

面皮 133, 136, 143, 144, 145, 146, 157
面善 82, 85, 86, 155
苗条 32, 33, 34, 49, 52, 53, 58, 125, 154
乜斜 118, 142, 143, 145, 146, 156
名姓 118, 119, 142, 143, 145, 146, 156
明儿 15, 18, 21, 22, 30, 40, 44, 46, 70, 107, 139, 153
明日 15, 49, 90, 108, 140, 143, 144, 145, 146, 157, 163
摸不着 20, 22, 35, 153
磨牙 91, 92, 119, 142, 143, 145, 146, 156
抹 15, 21, 22, 55, 106, 134, 153
末后 136, 142, 143, 145, 146, 147, 156

N

拿班 92
拿大 119, 141, 142, 143, 145, 146, 156
拿主意 15, 16, 22, 35, 153
那里 3, 6, 14, 16, 17, 19, 21, 22, 26, 28, 29, 39, 44, 47, 62, 66, 67, 71, 81, 82,

附录　方言词索引

87，88，89，90，91，92，94，95，112，116，117，126，134，148，153，162

那们 100，119，142，143，145，147，156

奶 17，72，92，133

奶母 119，142，143，145，146，156

奶奶 16，20，24，28，37，44，45，62，63，66，67，74，75，80，82，84，85，86，105，117，126，127，136，138，139，141，155

奶子 92

难缠 68，77，78，135，155

脑袋 51，52，53，64，120，150，151，152，154，157，159

闹热 82，85，86，155

能奈 12，16，21，22，153

你老 16，21，22，27，35，55，64，76，89，136，153

你们 25，26，29，41，42，48，52，53，60，61，64，65，66，67，72，87，91，94，96，102，108，110，115，119，124，129，130，131，133，135，139，154

年下 92，119，142，143，145，146，156

撵 16，21，22，139，153

娘儿们 43，65，92，130，135

娘母子 92

牛心 68，77，78，119，142，143，145，147，155，156

扭股儿糖似的 68，79，155

努嘴儿 68，77，78，79，155

暖和 140，140，142，143，144，145，147，157

O

怄 68，77，78，128，155

怄气 119，142，143，145，146，156

P

爬 51，52，53，54，62，121，154

排揎 68，77，78，155

湃 61，76，77，78，155

盘缠 47，52，53，89，92，154

抛闪 119，140，142，143，145，146，156

炮仗 92

呸 46，52，53，54，154

赔 42，52，53，105，108，133，139，154

喷香 55，57，154

偏了 48，68，79，155

偏生 40，82，85，86，120，142，143，145，147，151，

155, 156
撇 83, 85, 86, 126, 137, 155
撇下 83, 120, 142, 143, 145, 146, 156
瞥 16, 21, 22, 29, 153
平白 39, 52, 53, 54, 120, 154
泼皮 92, 125, 129
破着 93, 120, 142, 143, 145, 146, 156

Q

沏 42, 52, 53, 99, 115, 154
欺负 29, 33, 34, 39, 52, 53, 58, 154
漆黑 47, 52, 53, 68, 77, 78, 120, 142, 143, 145, 147, 154, 155, 156
齐整 16, 21, 28, 29, 30, 33, 34, 35, 51, 83, 85, 86, 88, 148, 153, 154, 155
气性 67, 120, 142, 143, 145, 146, 156
起先 83, 85, 86, 155
掐 41, 52, 53, 54, 138, 154, 160
千万 50, 113, 120, 142, 143, 145, 147, 156
前儿 43, 47, 55, 68, 69, 77, 78, 79, 92, 155
强 17, 32, 33, 40, 46, 69, 72, 73, 75, 90, 99, 113, 119, 120, 130, 132, 162, 163
强嘴 20, 21, 22, 153
锹 44, 52, 53, 154
瞧 18, 39, 44, 45, 49, 52, 53, 54, 56, 60, 63, 70, 75, 76, 94, 105, 106, 112, 114, 121, 125, 129, 134, 136, 154
俏 44, 52, 53, 66, 101, 102, 109, 111, 122, 125, 127, 129, 154
俏皮 16, 21, 22, 59, 153
亲家 46, 52, 53, 63, 76, 118, 121, 142, 143, 145, 146, 154, 156
勤谨 69, 77, 78, 155
嗌 120, 142, 143, 144, 146, 156
轻省 93
清钱 120, 142, 143, 145, 146, 156
擎 121, 142, 143, 144, 146, 156
取齐 93
取笑 29, 33, 34, 122, 154
雀儿 47, 120, 121, 142, 143, 144, 146, 147, 156

R

饶 69，77，78，115，124，155

人家 13，16，27，61，66，76，85，89，91，94，102，104，113，121，126，128，135，136，137，138，139，141，142，143，144，145，146，156，157

人情 48，52，53，81，112，154

人物 24，27，32，59，85，93，99，102

日头 29，33，34，113，117，137，143，144，145，146，154，157

绒线 121，124，142，143，145，146，156

容长脸 74，75，79，155

揉搓 41，69，77，78，121，142，143，145，146，155，156

肉皮儿 121，142，143，145，146，147，156

S

撒 17，41，52，53，54，61，67，68，82，90，111，128，130，131，154

撒漫 93

散诞 55，56，57，154

傻 16，21，22，26，44，52，53，136，153，154

煞 20，21，22，126，150，151，152，153，157

闪 38，39，52，53，54，109，154

晌午 64，93，121，122，142，143，145，146，156

捎 40，52，53，54，88，91，137，154

少时 122，142，143，145，146，156

赊 42，52，53，154

身量 32，49，66，75，77，78，93，155

什么 6，14，18，20，25，26，31，43，45，48，49，52，53，62，63，65，66，67，70，72，74，83，88，92，100，104，107，108，112，113，117，121，122，123，127，128，134，137，138，140，141，150，154，159，161

神道 69，77，78，155

婶子 16，17，20，21，23，29，35，75，153

生分 122，142，143，145，147，156

生活 1，83，85，86，155，164

生怕 122，142，143，145，146，

156

生生 30，62，73，93，102，122，125，142，143，145，147，156

生疼 122，142，143，145，147，156

声气 69，77，78，155

事体 29，33，34，104，122，142，143，145，146，149，150，151，154，156，157

收拾 20，48，55，62，70，99，109，122，134，142，143，145，146，156

叔叔 16，17，20，21，22，23，35，123，153

手段 94

首尾 83，85，86，155

受用 27，69，77，78，102，123，138，142，143，145，146，155，156

熟 6，21，22，23，33，44，52，54，57，60，76，78，81，85，116，123，130，142，143，144，146，147，150，156，160，162，164

数落 17，21，22，68，123，142，143，145，146，153，156

漱 30，40，42，46，52，53，54，154

耍钱 123，142，143，145，146，156

摔 40，41，52，53，54，84，101，104，130，134，137，154

闩 29，33，34，45，52，53，154

爽利 32，33，34，35，64，67，109，149，154

水牌 123，142，143，145，146，156

顺口 43，118，123，137，141，142，143，144，145，147，156，157

顺手 69，81，137，143，144，145，146，157

说嘴 94，112，123，141，142，143，145，146，156

撕 46，49，52，53，54，101，105，107，131，154

撕罗 123，142，143，145，146，156

馊 47，52，53，55，57，58，154

飕飕 55，57，154

酥 16，29，33，34，154

素 6，27，38，45，62，74，76，89，91，92，93，102，109，123，124，126，128，136，140，141，142，143，144，

147, 156
酸 47, 51, 52, 53, 55, 154
随手 69, 77, 78, 155

T

抬 40, 42, 51, 52, 53, 54, 68, 75, 92, 105, 108, 121, 127, 154

汤 30, 33, 34, 42, 56, 57, 100, 154

躺 14, 51, 52, 53, 54, 154

烫 56, 57, 71, 154

讨人嫌 70, 78, 79, 155

套间 17, 21, 22, 153

忒 70, 77, 78, 83, 85, 86, 97, 112, 144, 155, 157

忒儿 141, 143, 144, 145, 147, 157

特意 137, 143, 144, 145, 147, 157

腾挪 38, 52, 53, 149, 154

梯己 20, 21, 22, 47, 52, 53, 70, 77, 78, 94, 97, 98, 153, 154, 155, 166

蹄子 46, 94, 105, 108, 129

体面 29, 30, 33, 34, 64, 154

天亮 30, 33, 34, 123, 154

添补 70, 77, 78, 155

舔 46, 52, 53, 54, 107, 116, 154

听说 43, 71, 94, 118, 136

停当 83, 85, 86, 155

通 1, 7, 8, 10, 17, 19, 23, 31, 35, 36, 42, 45, 51, 56, 58, 63, 66, 69, 73, 74, 75, 94, 97, 99, 104, 108, 109, 116, 124, 135, 137, 151, 159, 160, 164, 165

通共 27, 67, 124, 126, 142, 143, 145, 147, 156

通红 47, 52, 53, 154

偷空 74, 137, 143, 144, 145, 146, 157

头里 26, 70, 77, 78, 155

头面 30, 33, 34, 70, 154

头绳 138, 143, 144, 145, 146, 157

突突 124, 143, 145, 147, 156

土坑 142, 143, 145, 156

驮 42, 52, 53, 122, 154

W

挖 44, 50, 52, 53, 54, 115, 138, 139, 143, 144, 145, 146, 154, 157

外厢 124, 142, 143, 145, 146, 156

玩 17, 21, 22, 29, 47, 51, 52, 53, 56, 63, 101, 137, 140, 153, 154, 162

绾 44，47，68，120，124，142，143，144，146，156

王八 124，142，143，144，146，147，156

枉自 124，125，142，143，145，147，156

望 4，30，31，33，34，45，82，101，108，111，116，117，120，124，132，133，140，148，154

葳蕤 30，33，34，35，154

稳重 30，33，34，91，117，154

倭瓜 125，141，142，143，145，146，156

窝心脚 70，78，155

我们 1，5，6，8，10，14，15，16，18，27，29，36，40，43，48，52，53，55，60，62，63，64，65，67，68，70，73，74，80，83，84，86，87，88，89，91，92，99，100，101，106，107，109，112，113，114，118，119，127，129，140，141，148，153，154，158

乌龟 125，142，143，145，146，147，156

无赖 32，33，34，46，52，53，92，102，154

无事忙 71，78，155

物件 6，26，50，84，85，86，155

物料 150，151，157

物事 51，84，85，86，155

X

奚落 49，52，53，61，154

稀罕 20，21，22，56，57，58，60，67，96，141，143，144，145，146，151，153，154，157

稀烂 125，136，142，143，145，147，156

稀破 125，129，142，143，145，147，156

细腻 125，142，143，145，147，156

细挑 125，142，143，145，147，156

下作 125，142，143，145，147，156

宪书 126，142，143，145，146，156

相打 84，85，86，155

相看 94

想头 71，77，78，155

消闲 126，142，143，145，147，156

小的 51，63，71，77，78，79，94，150，155

小姑子 20，139，143，144，145，146，157

小鬼儿 126，142，143，145，146，147，156

小家子 7，126，139，142，144，145，146，156

小气 126，142，143，145，147，156

小人 17，21，22，126，142，143，145，146，153，156

小人儿家 137，141，143，144，145，146，157

小婶子 7，13，19，21，22，23，35，153

小叔子 20，21，22，23，35，139，143，144，145，146，153，157

小性儿 126，127，142，143，145，147，156

小幺儿 127，138，142，143，145，146，147，156

小爷 26，115，127，142，143，145，146，156

小姨 103，104，137，143，144，145，146，157

晓得 127，142，143，145，146，149，150，151，156，157

歇歇 73，127，137，142，143，145，146，156

斜签 71，77，78，155

心窝 45，71，77，78，137，138，143，144，145，146，155，157

心下 91，127，142，143，145，146，156

心心念念 127，147，156

心眼子 127，131，142，144，145，146，156

新近 128，142，143，145，147，156

兴头 43，84，85，86，94，97，155

行动 28，94，112，126，138

羞口 128，142，143，145，146，156

羞臊 128，142，143，145，146，156

畜生 25，33，34，148，150，151，153，157

絮叨 37，38，49，52，53，154

旋子 71，77，78，155

靴掖 75，77，78，128，142，143，145，146，155，156

寻趁 128，142，143，145，146，156

寻思 128，142，143，145，146，156

Y

丫头 6，7，15，16，17，18，

21, 22, 26, 30, 31, 33, 34, 35, 39, 43, 44, 46, 47, 52, 53, 58, 65, 66, 69, 90, 91, 93, 102, 106, 112, 113, 120, 122, 126, 137, 153, 154, 158
丫头子 11, 12, 19, 95, 126
牙根儿 128, 142, 143, 145, 146, 147, 156
牙牌 101, 125, 128, 135, 141, 142, 143, 145, 146, 156
言语 28, 32, 38, 56, 64, 71, 77, 78, 95, 97, 114, 133, 155, 162
掩 29, 45, 52, 53, 121, 154
眼热 75, 77, 78, 155
眼色 45, 67, 68, 129, 142, 143, 145, 146, 156
眼睁睁 140, 143, 144, 145, 147, 157
眼珠儿 118, 139, 143, 144, 145, 146, 157
央求 49, 52, 53, 154
样儿 7, 30, 65, 75, 104, 106, 114, 123, 127, 129, 142, 143, 144, 146, 147, 156
吆喝, 17, 21, 22, 105, 153
咬 30, 33, 34, 41, 117, 128, 154
咬群 88, 95

咬舌子 129, 142, 144, 145, 146, 156
舀 30, 31, 33, 34, 42, 52, 53, 55, 57, 58, 154, 154
药吊子 95
要紧 17, 103, 108, 129, 130, 134, 142, 143, 145, 147, 156, 162
噎 129, 142, 143, 144, 146, 156
爷们 70, 71, 72, 77, 78, 112, 125, 128, 129, 135, 142, 143, 145, 146, 155, 156
野意儿 129, 141, 142, 144, 145, 146, 147, 156
一般 4, 17, 55, 66, 72, 77, 78, 81, 84, 103, 106, 123, 124, 126, 133, 155
一场 93, 120, 129, 130, 136, 147, 156
一出子 32, 34, 154
一顿 46, 48, 54, 100, 154
一棵 51, 54, 154
一块儿 17, 21, 22, 153
一溜儿 101, 130, 147, 156
一溜烟 72, 78, 155
一路 27, 73, 106, 138, 147, 156
一气儿 130, 147, 156
一起子 72, 79, 155

一宿 20，22，153

一条藤儿 72，78，155

一下子 130，147，156

一应 6，38，84，85，86，88，155

一宗 47，54，154

因由 130，142，144，145，146，156

应承 84，85，86，130，135，142，144，145，146，151，155，156

营生 24，95，130，142，144，145，146，156

影响 3，7，95

硬朗 17，21，22，153

硬气 72，77，78，130，142，144，145，147，155，156

由着 29，127，130，131，139

油皮 131，142，144，145，146，156

余外 106，131，142，144，145，147，156

冤家 31，33，34，82，128，140，154

原 1，3，4，7，8，9，11，12，18，24，27，32，42，51，56，63，66，70，83，84，85，86，90，91，92，96，105，106，110，116，122，124，127，130，131，136，139，140，141，148，149，155，158，159，160，161，162，163，164

缘法 75，77，78，89，138，142，143，144，145，146，155，157

怨不得 131，147，156

月半 31，33，34，154

月亮 17，21，22，31，33，34，35，153，154

匀 50，72，77，78，141，155

Z

咂嘴 131，142，144，145，146，156

崽子 17，18，21，22，47，52，53，153，154

再说罢 18，22，35，153

在行 18，21，22，31，33，34，35，153，154

咱们 18，20，21，22，26，27，28，35，46，48，49，52，53，56，60，64，68，73，76，88，90，96，100，111，114，117，122，126，129，131，139，142，144，145，147，150，153，154，156

攒 50，52，53，60，95，154

攒盒 88

遭儿 19，131，142，143，144，

147，156
糟蹋 18，21，22，49，52，53，74，105，131，135，141，142，144，145，146，153，154，156
早间 131，141，142，144，145，146，156
早起 95，108，124，132
早晚 65，72，77，78，113，155
造做 142，144，145，147，156
怎的 64，132，142，144，145，147，156
扎煞 72，73，77，78，120，132，138，142，144，145，146，155，156
扎挣 73，77，78，95，132，142，144，145，146，155，156
乍 16，132，139，142，143，144，147，156
展眼 104，132，142，144，145，146，156
站 26，39，52，53，54，65，91，95，100，103，105，116，117，137，139，154
张罗 27，38，52，53，73，77，78，117，134，154，155
仗腰子 141，147，157
仗着 44，132，142，144，145，146，156，162

账 51，52，53，83，106，131，154
招 14，25，73，77，78，116，132，133，134，155
招惹 73，132，141，142，144，145，146，156
招摇 31，33，34，154
这个 7，10，18，31，37，38，48，52，53，62，70，75，76，84，87，88，95，102，104，120，128，129，133，154，160，161，163
这里 6，18，21，22，24，26，27，60，66，70，71，73，75，76，87，100，107，112，140，153，159，160，163
这么 30，49，63，67，68，69，75，87，114，133，139，141，142，144，145，147，156
这们 87，90，92，93，94，128，133，142，144，145，147，156
着忙 96，133，141，142，144，145，146，156
真 3，16，20，24，25，37，66，67，70，73，76，85，89，93，94，96，100，102，106，108，109，110，111，112，115，121，123，129，131，133，134，135，136，139，148，

150
真个的 73，79，155
真真 26，105，131，133，136，139，142，144，145，147，156
阵仗儿 29，75
证见 96
支使 84，85，86，133，142，144，145，146，155，156
支吾 38，39，52，53，63，154
只当是 133，156
知会 73，77，78，155
中衣 115，130，133，142，144，145，146，156
中意 84，85，86，151，155
诌 43，52，53，54，124，137，154
周旋 73，77，78，133，142，144，145，146，155，156
抓 40，41，52，53，54，61，67，80，81，109，117，154
转来 85，86，132，155
赚钱 31，33，34，61，93，154
撞 28，31，32，33，34，56，80，91，129，131，154，163
坠子 101，134，142，144，145，146，156
捉弄 31，33，34，105，154
桌 28，32，37，41，46，50，52，53，62，88，101，102，108，130，134，154
桌围 50，134，142，144，145，146，156
着落 124，134，142，144，145，146，156
着意 134，142，144，145，146，156
镯 43，45，52，53，154
仔细 32，33，34，108，117，129，154
子侄 134，142，144，145，146，156
自管 134，142，144，145，147，156
自家 85，86，155
攥 41，52，53，54，118，121，154
赚 31，33，34，134，142，143，144，146，151，156
嘴唇 41，68，131，138，143，144，145，146，157
作成 73，77，78，85，86，155
昨儿 73，74，77，78，79，101，134，141，143，144，145，146，147，155，157
左不过 128，134，135，141，147，156
左性 74，77，78，135，142，144，145，147，155，156
作耗 135，142，144，145，146，

157

作践 74,77,78,122,135,
142,144,145,146,155,

157

作脸 130,135,142,144,145,
146,157

参考文献

北京市民族古籍整理出版规划小组辑校：《清蒙古车王府藏子弟书》（全二册），国际文化出版公司1994年版。

波多野太郎：《中国方志所录方言汇编》，横滨市立大学纪要，1963—1972年。

蔡晓臻：《清代传本苏州弹词方言助词研究》，博士学位论文，苏州大学，2014年。

曹雪芹：《红楼梦》，人民文学出版社2008年版。

曹雪芹：《脂砚斋重评石头记（庚辰本）》，人民文学出版社2011年版。

晁瑞：《〈醒世姻缘传〉方言词研究》，博士学位论文，南京师范大学，2006年。

陈刚：《北京方言词典》，商务印书馆1985年版。

陈明娥：《从词汇角度看清末域外北京官话教材的语言特点》，《国际汉语学报》2015年第6卷第1辑。

陈明娥、李无未：《清末民初北京话口语词汇及其汉语史价值》，《厦门大学学报》2012年第2期。

陈伟武：《车王府曲本语辞选释》，《古籍整理研究学刊》1989年第4期。

陈晓宇：《〈海上花列传〉俗语词研究》，硕士学位论文，山东大学，2013年。

褚红：《王树枏与他的〈畿辅方言〉》，《语文学刊》2009年第12期。

董娇燕：《〈海上花列传〉吴方言词例释》，硕士学位论文，辽宁师范大学，2014年。

杜春燕：《〈儿女英雄传〉俗语词研究》，硕士学位论文，华中师范大学，2011年。

冯其庸主编：《脂砚斋重评石头记汇校汇评》，北京图书馆出版社2008年版。

高超：《〈红楼梦〉中唐山方言探析》，硕士学位论文，山东大学，2013年。

高纯：《〈儿女英雄传〉中的北京方言词研究》，硕士学位论文，南京师范大学，2007年。

高光新：《〈红楼梦〉"坎肩儿"考辨》，《红楼梦学刊》2014年第2辑。

高光新：《〈红楼梦〉"管约"解》，《红楼梦学刊》2015年第1辑。

高光新：《〈红楼梦〉基础方言的判定方法》，《唐山师范学院学报》2018年第1期。

高光新：《〈燕说〉与清末唐山方言词汇》，《唐山师范学院学报》2013年第3期。

高光新：《京津冀方言词汇一体化的过程》，吉林大学出版社2016年版。

高光新：《论〈国语〉方言词》，《唐山师范学院学报》2016年第3期。

高光新：《清代京津冀方言词概况——以史梦兰〈燕说〉为参照》，《唐山师范学院学报》2015年第1期。

高光新：《唐山方言词汇研究》，中国社会科学出版社2015年版。

高光新：《〈颜氏家训〉词汇研究》，中国社会科学出版社2014年版。

龚千炎：《〈儿女英雄传〉虚词例汇》，语文出版社1994年版。

何耿镛：《汉语方言研究小史》，山西人民出版社1984年版。

胡文彬：《〈红楼梦〉的方言构成及其演变》，《辽东学院学报》2009年第2期。

黄敏：《〈吴下方言考〉略述》，《辞书研究》1984年第2期。

蒋文野：《〈红楼梦〉中的吴方言探迹》，《教学与进修》1983年第4期。

雷汉卿：《〈醒世姻缘传〉方言词补释》，《古汉语研究》2006年第5期。

林纲、刘晨：《〈红楼梦〉方言研究二十年述评》，《湖南社会科学》2011年第4期。

刘宝霞：《程高本〈红楼梦〉异文与词汇研究》，《红楼梦学刊》2012年第3辑。

刘晓安、刘雪梅：《〈红楼梦〉研究资料分类索引》，国家图书馆出版社2012年版。

罗竹风主编：《汉语大词典》，汉语大词典出版社2002年版。

孟庆泰、赵晓明：《〈醒世姻缘传〉方言词语例释》，《蒲松龄研究》1995年第1期。

弥松颐：《〈儿女英雄传〉语汇释》，《中国语文》1981年第5期。

聂鸿音：《从谐音字和叶韵字论〈红楼梦〉的基础方言》，《红楼梦学刊》1987年第4辑。

任玉函：《朝鲜后期汉语教科书语言研究》，博士学位论文，浙江大学，2013年。

沈伟：《〈吴下方言考〉研究》，硕士学位论文，南京师范大学，2014年。

沈新林：《〈红楼梦〉中的吴语方言》，《古典文学知识》2017年第2期。

沈新林：《小议〈红楼梦〉中的几个方言词语》，《古典文学知识》2007年第1期。

史梦兰：《燕说》，《史梦兰集》第三册，天津古籍出版社2015年版。

隋文昭：《校注本〈儿女英雄传〉注释商略》，《中国语文》1986年第6期。

汪维辉：《东汉—隋常用词演变研究》，南京大学出版社2000年版。

王美雨：《车王府藏子弟书方言词及满语词研究》，博士学位论文，山东大学，2012年。

王毅：《〈红楼梦〉与江淮方言》，《明清小说研究》2007 年第 4 期。

吴佩林：《〈红楼梦〉中的明清山东方言举证》，《蒲松龄研究》2013 年第 4 期。

许宝华等主编：《汉语方言大词典》，中华书局 1999 年版。

颜景常：《古代小说与方言》，辽宁教育出版社 1992 年版。

阳海清等：《文字音韵训诂知见书目》，湖北人民出版社 2002 年版。

杨世花：《〈清蒙古车王府藏子弟书〉词语研究》，硕士学位论文，南京师范大学，2009 年。

殷晓洁：《明清山东方言词汇研究——以〈金瓶梅词话〉、〈醒世姻缘传〉、〈聊斋俚曲〉为中心》，中国社会科学出版社 2011 年版。

游汝杰：《汉语方言学》，上海教育出版社 1992 年版。

袁行霈主编：《中国文学史》（第四卷），高等教育出版社 1999 年版。

张伯闻：《〈红楼梦〉北京方言拾零》，《红楼梦学刊》1982 年第 6 辑。

张佳文：《〈海上花列传〉吴方言词语释证》，硕士学位论文，华东师范大学，2009 年。

张美兰：《〈语言自迩集〉中的清末北京话口语词及其价值》，《北京社会科学》2007 年第 3 期。

张馨月：《清代直隶方志中的方言词研究》，硕士学位论文，西南交通大学，2015 年。

郑昀：《〈红楼梦〉各版本异文比较解读》，博士学位论文，福建师范大学，2015 年。

中国社会科学院语言研究所词典编辑室：《现代汉语词典》（第 7 版），商务印书馆 2017 年版。

周定一主编：《红楼梦语言词典》，商务印书馆 1995 年版。

周振鹤、游汝杰：《方言与中国文化》，上海人民出版社 2006 年版。

后　　记

　　一本小册子写完，一桩心事了却。

　　写这本小册子的出发点是不赞同一些研究《红楼梦》方言词的做法，即用现代汉语方言词去验证《红楼梦》的方言词，这种做法是不恰当的，不能用后世已经变化了的例句去验证前代语言如何说，应该用清代的资料来验证。清代与《红楼梦》时代最接近、方言面貌最接近的资料已经很难找到了，但是现存的清代资料也比现代汉语更接近《红楼梦》，作为验证对象也比现代汉语准确。

　　关于《红楼梦》的基础方言问题，争论也很大，这里面除了学术的因素以外，还有非学术的因素。基础方言不等于作者籍贯所在地的方言，基础方言的覆盖面要远远大于籍贯所在地，例如北京方言的覆盖面就超出北京市，因此我们采用京津冀方言的概念，以避免不准确的某地某地之争。

　　1996年春季我在我们县唯一的书店买到第一本《红楼梦》，至今也有二十多年了，各种版本的《红楼梦》也读过十多遍，也多次向学生推荐，"二十年来辨是非"，这本小册子算是这些年看书的一个小小总结吧。

　　感谢学校的出版资助，感谢任明编审的大力协助。

　　本书为作者2016年承担的河北省社会科学基金项目，编号为HB16YY036。

2018年4月6日